识干家

企業閱讀　學以致用

# 经营

## 打造你的盈利系统

高可为◎著

中国青年出版社

**图书在版编目（CIP）数据**

经营：打造你的盈利系统/高可为著. —北京：中国青年出版社，2019.6
ISBN 978 -7 -5153 -5616 -7
Ⅰ. ①经… Ⅱ. ①高… Ⅲ. ①企业经营管理 Ⅳ. ①F272.3
中国版本图书馆 CIP 数据核字（2019）第 099206 号

**经营：打造你的盈利系统**

高可为/著

---

出版发行：中国青年出版社
地　　址：北京市东四十二条21号
邮政编码：100708

---

责任编辑：刘稚清
封面制作：仙　境

---

印　　刷：河北宝昌佳彩印刷有限公司
开　　本：710 ×1000　1/16
印　　张：12.75
版　　次：2019年7月北京第1版
印　　次：2019年7月第1次印刷
书　　号：ISBN 978 -7 -5153 -5616 -7
定　　价：198.00元

经营和管理，是企业家的两项基本工作。其中，经营又处于先导和主导地位。企业具体经营的方式、方法，就是商业模式或经营方式，也有人称之为商务模式或盈利模式。无论叫什么，在英语里，指的都是同一件事情，即所谓“Business Model”。

我关注经营的时间比较早。但是，直到这两年，我才陆陆续续写一些文章。其动手也早，其结果也迟，用老百姓的话说：“起了个大早，赶了个晚集。”

本书大致可以分为以下几个部分。

第一章，研究经营环境。环境发生了什么样的变化？这些变化对我们意味着什么？现在做企业和过去做企业有何不同？这部分内容主要研究这类问题。

第二章到第四章，研究经营规律。在此部分，深入探讨经营诸要素，以及经营与其他企业要素之间的关系，也对管理大师德鲁克的经营思想进行了梳理。

第五章到第六章，梳理经营的内涵和框架。经营固然是一个实践问题，但一些最基本的理论问题依然是逃不过的，比如它的基本内涵、基本构成要素。

第七章到第十二章，探讨经营的基本方法。一个好的经营方式，从一些想法到落地生根，有许多门槛需要跨越，也有许多技巧可以借鉴。这一部分，对有关的方法和技巧做了总结。

第十三章，探讨商业思维问题。经营方式归根结底是人的思维方式问题，甚至是人性问题。任何探讨经营的书，如果没有触及人性，都不能叫深刻！本书花了不小的篇幅探讨这一问题。

本书最大的特色，就是把商业模式放到经营的框架中去审视和把握，把经营问题放到企业整个系统中去审视和把握。只有这样，商业模式的设计和创新，才不会是无源之水、无本之木。

做学问，我一直坚持一个理念，叫“一大、二老、三结合”。所谓“一大”，就是与大师保持一致。大师的思想是一个领域的巅峰，一定要好好学习。所谓“二老”，是指多从老祖宗和老百姓那里汲取智慧。老祖宗的东西沉淀了几千年了，需要传承和发扬。老百姓的东西特别接地气，也非常值得吸收和借鉴。所谓“三结合”，是指理论和实践结合，学术和艺术结合，国际化与本土化结合。

商学，包括商业模式，本是西方发展起来的一门学问，但是在中国，它也成了一门显学。国外的专家学者提出了不少理论、模型和工具。国内著书立说，讲这门课的也不少。但是能推陈出新的不多，能融会贯通的不多，能和优秀的传统文化结合起来的更不多。

西方人比较注重可操作性，热衷于发明一些模型和工具。这些工具和模型都有一定的适用范围，因而解释力和适用性往往较差。这就要求我们深刻理解它背后的道理，消化吸收，推陈出新，为我所用。然而，这并不容易。我愿意从自己做起，从一点一滴做起，付出不懈的努力，使这门学问好起来！

# 目录
contents

**第一章**

# 未来的经营怎么搞

人们常说，当今世界唯一不变的是变化。环境在发生什么变化？这些变化对我们意味着什么？我们又该如何应对这些变化？这是每一个人都要思考的问题。对这些问题的回答，将决定我们的命运。

## 一、环境在发生什么变化

企业是一个独立的系统，也是社会的一个组成部分。企业效益的好坏，既受经营因素影响，也受环境因素影响。换言之，企业效益是环境和经营的函数。当然，环境本身也是影响经营的重要因素。无论如何，企业必须时刻关注外部环境的变化。

影响企业效益的外部因素有很多。这些因素大致可以分为两类，即宏观因素和微观因素。

宏观因素又可以分为两类：

一类是周期性的。比如经济形势的热与冷，金融政策的紧与松，等等。这就如天气，有晴天，就会有阴天。也很像年景，可能风调雨顺，也可能非旱即涝。

这种变化以前有过，以后也会有。企业要关注，但不能太在意。风调雨顺固然很好，逢旱遇涝时就不过日子了吗？

另一类是结构性的。比如世界政治、经济、军事格局的变革。习近平说，世界正经历“百年未有之大变局”。

这种变革几十年甚至几百年不遇一次。历史发生重大转折，这本身就是个机遇。“不谋万世者，不足谋一时；不谋全局者，不足谋一域。”世界格局在变化，管理当局必须高度关注。

微观因素也可以分为两类：

一类是企业必须接受的，类似体育竞赛的“规定动作”。比如最近几年掀起的“环保风暴”，正在推行的“营改增”税制改革，等等。这类因素企业只能接受，否则就会被淘汰。

现在看来，这类因素是变化的。再过几年，就将成为常态因素。**这些措施提上政府工作日程，至少有两方面的含义：过去几十年，不少企业野蛮生长、粗放经营。对于它们来说，这样的时代已经过去。同时，这也是社会进步的标志。仔细想想：依法纳税，保护环境，合法合规经营，难道不是经营企业的起码要求吗？**

另一类是企业可以选择接受的，类似体育竞赛的“自选动作”。这些因素有哪些呢？我提炼了几个关键词，以资参考！

**1. 全球化**

过去，我们说全球化是一个趋势。今天，得说全球化是一个事实。全球化对企业意味着什么呢？一方面，任何企业都可以在全球范围内组织生产和经营。另一方面，即便你不想做全球化企业，全球化的竞争也将在你家门口展开。

**2. 互联网**

互联网是一种特殊的基础设施，它不仅改变了人们的生活方式，还改变了企业的生产方式。生产、生活方式互联网化，是一个长期的过程。善用互联网及移动互联网的企业将获益，不习惯、不适应的企业将逐渐被淘汰。

**3. 新技术**

技术从来都是一个革命性的因素。一项新技术出现，会打倒一批旧技术，正所谓“一将功成万骨枯”。问题的关键是，不知道什么时候会冒出一项“黑科技”，一下子就要了很多企业的命，这在高新技术领域尤为突出。

**4. 资本**

**资本是一种能够凝聚生产要素的特殊生产要素。有钱可以招募人才，可以购买技术，可以跑马圈地、扩大经营规模，甚至可以买下整个企业。资本也是一种特殊的商业业态。它可以瞬间聚拢海量的资金和资源，做一些别人长期做不成的事情。**

**5. 人**

包括员工和消费者，都在发生前所未有的变化。饥馑时代，人人为温饱而奔波。在那个时代，“胡萝卜加大棒”足以搞定一切。现在的年轻人干着不顺心都有可能走人，更别说“胡萝卜加大棒”了。跟过去相比，人们的消费观念和习惯发生了很大的变化。消费群体一直在裂变、分化，一个产品打天下再也行不通了。

市场经济条件下，企业建立竞争优势不容易。但有了以上五个因素，辛辛苦苦建立的竞争优势，说不定一下子就给“推平”了。之所以用“推平”，是因为它的力度非常大、速度非常快，就像推土机一样。所以，我称之为“推土机”。这些“推土机”是如何推平企业竞争优势的呢?

首先，它突破了竞争的地域限制。

其次，它突破了竞争的行业限制。**按照中国古老的说法，同行是冤家。波特“五力模型”则试图告诉我们，至少有同业竞争者、替代品、潜在入侵者、供应商、客户等五种不同的力量在参与竞争。事实上，参与竞争的力量远不止这五种。任何行业、任何人，都不知道何时会冒出一种革命性的力量。有一个说法很形象，叫“躺着中枪”。你不参与竞争，照样可能成为牺牲品，甚至被排挤出场。**

最后，加快了竞争的进程。有一个著名的说法，叫“十倍速时代”。意思是说，无论成功还是失败，都要比过去快十倍。过去，八到十年才能走完一个产业周期；现在，不到三年就可以走完一个产业周期，正所谓“其兴也勃焉，其亡也忽焉”。当今时代，要立于不败之地，可谓难乎其难！

## 二、过去的做法还有效吗

在过去的几十年里，中国企业走过了西方企业上百年走过的路。一路下来，打打杀杀，磕磕绊绊，有挫折，有辉煌。在这个过程中，企业在改变环境，环境也在塑造企业。环境的变化，也使得过去行之有效的套路和模式不再有效。

企业规模有大有小，业务范围有繁有简，但经营的套路和模式未必不一样。经营的套路和模式千变万化，但背后的主导逻辑未必不一样。所有的经营行为都是建立在一定假设和前提基础之上的，这些假设和前提就构成经营的主导逻辑。

**有些企业规模貌似很庞大，业务貌似很复杂，但支撑它的主导逻辑很简单。正是这个东西支撑它做起来，走下去。**

按主导逻辑划分，中国企业的经营模式大致有以下几种类型:

**1. 以广告求市场**

“酒香不怕巷子深”是中国非常传统的一种经营理念。与此相反，很多人则是迷信广告的营销效果。他们通常采用的模式是“广告轰炸+销售跟进”。在卖方市场条件下，这种模式的营销效果非常明显。但就其本质而言，它只不过是自然销售方式的升级版。

**2. 以价格求市场**

生产门槛不高的产品，非常容易被模仿。彼此模仿的结果是，产品同质化程度非常高。在产品高度雷同的情况下，以价格打开市场，以低价获取订单，将是企业普遍的做法。换言之，就是价格战。

**价格战打到一定程度，就会比拼成本。成本比拼到一定程度，就会比拼人工和原材料。所以，从拼价格、拼成本，到偷工减料、比烂，将是非常自然的演变。比烂的结局，不是你死我活，而是大家一起死。**

**3. 以市场求利润**

无论是中国还是外国，致力于提高市场份额，都是一种非常普遍的经营方式。占有更多市场份额，利润就会随之而来，是他们潜在的经营假设。

他们的核心逻辑是这样的：销售额大的公司将有成本优势；成本降低将导致利润提高；利润提高会增强公司投资能力；而投资规模的扩大，又进一步推动成本的降低。他们认为，成为行业领先者的关键，就是获得超过所有竞争对手的市场份额。

市场份额就等于利润吗？不一定。因为游戏规则变了。现在已不是企业越大越挣钱。当然，也不是越小越挣钱。换言之，利润水平和企业大小已经没有直接的关系。和什么有关系呢？和你在利润区的位置有关。不在高利润区的企业，是挣不到大钱的。

**4. 向规模求效益**

这里说的规模，不单指生产规模，还指“铺摊子”。**赚了钱的企业喜欢铺摊子，不赚钱的企业也喜欢铺摊子。他们的说法是，发展中出现的问题，要靠发展才能解决。**

赚了钱的企业为什么喜欢铺摊子？他们要做大、做强啊，总不能安于现状吧？于是努力扩大产能，上马更多的项目，涉足更多的产业。他们喜欢搞大集团，搞全产业链。

不赚钱的企业为什么也喜欢铺摊子？他们要生存啊！为了缓解存货和现金流压力，招聘更多的人员，开发更多的产品，开拓更远的市场。他们相信，东方不亮西方亮，拼下去总会有出路。

都想着由小做大，由大做强。不承想由小做大，由大做烂。摊子是大了，但是一个烂摊子。结局呢？富贵几个家庭，掏空几家银行，留下一个烂摊子，带坏一批年轻人。

### 5. 向管理求效益

当市场开拓阻力加大时，许多企业会转头向内部寻求发展空间。他们的口号是，向管理要效益。迎合企业的这种需要，市场上出现了层出不穷的管理工具、方法和模型。

这些工具、方法和模型被一些人吹得神乎其神。企业人也对它们寄予厚望。但管理本身不创造效益。管理要服从和服务于经营，并通过经营间接创造效益。管理大师德鲁克说得好："在企业内部，只有成本。"

总体上说，中国企业的管理还比较粗放，提高和改善的空间也非常大。但任何事情都有一个限度，一旦超过这个限度，就会走向它的反面。过于强调管理，管理就成了无事忙，折腾人。

**在过去的几十年里，中国的企业走出了许多不同的模式。这些模式得以成立，是建立在两个基础和前提之上的。一个是生产要素成本优势。包括劳动力成本优势、资金成本优势、土地成本优势，以及环境成本优势等。另一个就是市场空间巨大。**现在看来，这两个基础和前提正在消失。市场环境变了，经营前提变了，从前有效的经营方式也就不灵了。

## 三、 未来的企业要怎么搞

如果在大街上拦住一个老板，问他：“老板，现在生意好做吗?”我相信，十个人中会有八九个，甚至十个人都会说：“不好做啊!”现在生意确实不好做。原因有很多，归根结底是环境跟过去不一样了。

环境跟过去不一样了，未来该怎么做呢？有人喜欢制造耸人听闻的观点：不是生意越来越难做，而是做生意的逻辑彻底变了。真的是这样吗？未必！逻辑跟过去有什么不一样呢？

在六十多年前，德鲁克就表达过这样的观点，经营的唯一目的就是创造顾客。这个说法过时了吗？没有。不但没有过时，而且普及得也不够。以顾客为核心，以盈利为导向，以价值为基础，这些东西改变了吗？也没有。经营的逻辑没有变，改变的只是具体的模式和方式。

那么，未来的企业该怎么搞？

**第一，要有独特的商业创意。**

过去，凭“无知之勇”可以闯出一番事业。那样的时代已经一去不复返了。古语云：“先谋后事者昌，先事后谋者亡。”做企业，要谋定而后动。不做必败之事，离成功也就不远了。

不得不说，开发独特的商业创意，是一件非常困难的事情。之所以说它困难，是因为它有悖于人性。我们这个社会，人人都求简单，求快速，求暴利。用这种心态做企业，怎么可能获得成功呢？因为它违背了一个重要的东西，老祖宗把它叫作天道，我们也可以称它为自然规律。

**第二，要学会发育商业模式。**

**企业的成功和失败，都不是孤立事件，而是一连串的事儿。好的商业模式有助于企业招徕顾客。生意兴隆的企业会吸引资本的注意。资本雄厚的企业则容易招募到优秀的人才。而优秀人才的加盟，会进一步推动企业健康发展。这一连串的事件加在一起，会把企业推向良性发展的快车道。**

**第三，要善于借用资本的力量。**

资本是一个放大器、助推器。你可以不用，但你不能阻挡别人的使用。优先获得资本挹注的企业，将获得各方面的先机之利。丧失先机之利的企业，要落在别人后面，甚至可能永远地落在别人后面。

**面对未来，企业有几种选择：一是用旧模式做旧产业。二是用新模式做旧产业。三是用旧模式做新产业。四是用新模式做新产业。毫无疑问，旧产业、旧模式将被淘汰，资源和机会将向新兴产业和有竞争力的企业靠拢。**

**附记：企业家要有“抗忽悠”能力**

有一次，听别人讲课。在那个课堂上，我突然发现一个重要的事实：站在讲台上讲课的不一定是老师，还有可能是商人！商人和老师有什么区别呢？老师要教给你东西，商人要卖给你东西！老师传授的是商学，商人从事的是商业！

近些年来，中国的营商环境发生很大的变化，也涌现出许多貌似新颖的商业模式。一些人出于商业目的，制造出不少耸人听闻的观点，发明出不少貌似神奇的管理工具。经典著作读多了就知道，事实根本不是那么回事。因此，我们不妨来一句戏言：企业家不仅要有经营管理能力，而且要有“抗忽悠”能力！

# 第二章

# 重新认识经营

假如赚钱是一出戏，商品只是商业的道具。要想戏出彩，仅有好演员是不够的。同样的道理，要想多挣钱，仅有好产品是不够的。

## 一、盈利是一种极其复杂的现象

企业是一种营利性组织。盈利，并且持续不断地盈利，差不多是所有企业追求的目标。然而，盈利也是一种极其复杂的社会现象。说它复杂，是因为不但难以做到，而且难以说清。不然，这个世界上就没有亏损和倒闭的企业了。

麦当劳是卖汉堡的。你做的汉堡比它做得好吃，有这种可能性吗？绝对有！但你有可能比它更赚钱吗？绝对没有！可口可乐公司第二任董事长罗伯特·伍德鲁夫说："我们的可口可乐中99.7%是糖和水。"你做的糖水比它做得好喝，有这种可能性吗？绝对有！但你有可能比它更赚钱吗？绝对没有！

因此，某家公司赚钱，绝不单单是因为它的产品质量好或性价比高。这和鸟会飞、鱼会游的道理是一样的。**鸟为什么会飞？貌似是因为它有一双翅膀。给人插上一双翅膀，能不能飞起来呢？还是飞不起来！鱼会游，貌似是因为它有鳍和鳔。没有和鱼的鳍与鳔类似的器官，人就不能游泳吗？那也不是。拥有一双翅膀，只是鸟会飞的一个表象；拥有鳍和鳔，只是鱼会游的一个表象；**产品好，也只是企业盈利的一个表象。

**把东西造出来，需要很多物理、化学知识，很不简单。把东西卖出去并挣到钱，则需要很多经营、管理知识，同样很不简单！试图在产品上模仿和超越别人，就如同给自己绑上一对翅膀，试图学鸟飞翔一样可笑。**

1996 年，三个以色列人维斯格、瓦迪和高德芬格聚在一起，决定开发一种使人与人在互联网上能够快速直接交流的软件。他们为新软件取名 ICQ，即“I SEEK YOU（我找你）”的意思。ICQ 支持在互联网上聊天、发送消息、传递文件等功能。

1997 年，马化腾开始接触 ICQ 并成为其用户。他发现，ICQ 的英文界面和使用操作，中国用户使用起来很不方便。于是，马化腾与张志东用了数月时间，开发出符合中国用户习惯的 ICQ 类似产品。腾讯公司将新软件命名为 OICQ（Open ICQ），并将 OICQ 的客户端放置在自己的网站上，供用户免费下载。这就是市值 4200 多亿美金的腾讯帝国的由来。

腾讯公司由这样一项小技术发展而来。假设今天有谁开发出一款类似的产品，有没有可能发育出一家类似的大企业呢？显然是不可能的！因为技术、产品只是企业成长的一个要素。

## 二、经营其实是一门更大的学问

海尔集团老总张瑞敏说："办企业与变戏法当然不一样，但二者有一个重要的共通点，就是看不见的东西决定了看得见的东西。"

产品是我们看得见的东西，技术是我们感受得到的东西，但是还有一些我们看不到的东西决定着企业的盈利水平。

这些东西是什么呢？就是经营策略和商业模式。

当年，IBM 公司 CEO 郭士纳被人戏称为"饼干大王"。按照他的观点，计算机公司的老板不用懂计算机，只要懂人性、懂商业就可以了。**马云也说："我不懂互联网，我只是在思考商业模式。"是的，马云本质上是一个商业天才，只不过披了互联网的**

**“马甲”罢了。**

不光马云、郭士纳不是技术天才，比尔·盖茨也不是。有人梳理过微软的发展史，凡是他自主开发的产品都是失败的，成功的产品都是收购或模仿别人的结果。很显然，盖茨也是一位商业天才，而不是技术天才。这一点，恐怕要超出很多人的想象。

技术和经营有什么差别呢？商品和商业有什么差别呢？

**技术只是一种资源，是生产的要素之一。要把产品生产出来，仅有技术是不够的，还要有资金、人才等，当然也包括管理。同样的道理，产品也只是一种资源，是经营的要素之一。把产品研发、生产出来，绝不等于万事大吉，它离把钱赚回来还有相当长的一段距离。**

要实现盈利，除了有新技术、好产品，还得研究顾客。或者说，离开顾客，本无所谓新技术、好产品。在此基础上，还得研究竞争对手，研究时空条件，打磨商业模式，采取经营对策，才有可能盈利。

它们的关系有如炒菜和演戏。一盘菜要好吃，不仅要有好食材，而且要有菜谱和厨师。食材再好，直接拿来吃，也是不合适的。一出戏要好看，不仅要有好演员，而且要有剧本和导演。演员再好，没有好剧本、好导演，也不会有好的效果。

早在1939年，经济学家约瑟夫·熊彼特就指出：“价格和产出的竞争并不重要，重要的是来自新商业、新技术、新供应源和新的公司商业模式的竞争。”

管理大师彼得·德鲁克有句名言：“企业间的竞争归根结底

不是产品与产品的竞争，也不是服务与服务的竞争，而是商业模式对商业模式的竞争。”

**在中国，有人喜欢说这样的话，“会做生意的儿子很难生，会做官的儿子随便生。”老百姓也有这样的俗语：“一年学个庄稼汉，三年学个手艺人，十年难成一个生意人。”这也是在说经营的特点和重要性。**

因此，如果单纯从盈利的角度看，商业确实要比商品高出一个位阶。

20 世纪 80 年代，中国有一句流行语：学好数理化，走遍天下都不怕。其实，商学不比数理化卑下，数理化也不比商学更高尚。它们都是实实在在的学问，只不过各有所长，各有其适用范围罢了。

智商、情商是大家都熟悉的概念。前几年，又有人提出一个“商业商数”的概念，用来衡量人的商业素质。很显然，造东西属于商品、物理、智商的范畴，卖东西属于商业、经营、商商的范畴。智商很重要，商商也很重要。

## 三、 商理很深奥，经营也不容易

在物资匮乏、短缺的时代，技术和产品居于主导地位。在商品丰富、过剩的时代，商业和经营将居于主导地位。

随着经济的发展，商品变得日益丰富，商家的竞争也越来越激烈。随之而来的是盈利也越来越困难。在这种环境下，企业要生存并盈利，就必须超越产品意识，学会商业竞争。

北宋人张拟著有《棋经十三篇》，在围棋界影响非常大，其中有这样一段文字：**“凡敌无事而自补者，有侵袭之意也。弃小而不救者，有图大之心也。随手而下者，无谋之人也。不思而应者，取败之道也。”**

这段话的大意是，凡是对手无缘无故地自行补救时，就表明他意在进犯突袭；放弃局部的棋子不救时，就表明他意在争夺大局的优势。随手投子的人，那是没有谋略的棋手。不假思索而仓促应对，这是走向失败的路。

它告诉我们一个什么道理呢？**下棋不能随意落子，不能只顾眼前，一定得有全局思维。换言之，“没有人能随随便便成功”，任何人随随便便只会失败。**

做企业也是同样的道理。不能耍小聪明，不能得过且过，更不能投机取巧。它需要有意识、有目的的努力，需要有组织的努力，需要持之以恒的努力！

**产品、技术及资本等，都是重要的经营要素，它们本身不是经营，更不是经营的目的。把所有资源整合到一个系统中，一个大的格局中，让它发挥单一资源所不能发挥的效力，这才是商业竞争的要义。**

**附记：不是努力不够，肯定是方向错了！**

有这么一个小故事：

有一天，动物园管理员发现，袋鼠全部从笼子里跑出来了。大家一致认为，是笼子的高度过低导致的。于是，他们决定将笼子由原来的10米加高到20米。

第二天，他们发现，袋鼠还是跑到外面来了。他们决定再将笼子加高到30米。令他们想不到的是，隔天袋鼠居然又都跑出来了。管理员们大为紧张，于是决定一不做二不休，将笼子加高到100米。

一天，长颈鹿和几只袋鼠在闲聊。“你们看，这些人会不会再继续加高你们的笼子？”长颈鹿问。“很难说。”袋鼠说，“如果他们再继续忘记关门的话！”

为什么袋鼠全部从笼子里跑出来了呢？管理员以为是笼子太低，而实际上，只是因为他们没有把笼子门关好。

为什么讲这个故事呢？

是用它说明一些老板的生存处境。他们都很忙，每天起得比鸡都早，睡得比狗都晚。不勤奋吗？够勤奋的了。为什么效益还不好呢？方向错了！

**第三章**

# 跟德鲁克学经营

德鲁克以“管理大师”之名而广为人知。仔细推敲，他首先是一个“经营大师”。他揭示了经营的本质，指明了经营的核心。就凭这些思想成就，称“大师”还不够吗？

## 一、德鲁克研究经营的方法

在要表达的思想面前，语言往往是苍白无力的。孔子尝言：“书不尽言，言不尽意。”当说到彼得·德鲁克这个人时，当说到管理这件事时，再一次感受到语言的局限性。

世人皆称德鲁克为“管理大师”。但他却说，我首先和主要关注的不是管理。他对管理感兴趣，是因为他要研究社区和社会。他是什么人呢？他说他是“社会生态学家”。

他说的管理和别人说的管理，是一回事儿吗？肯定不是一回事儿！

**英式英语和美式英语无疑是世界上最接近的两种语言。但德鲁克却说，“管理”（Management）是美国特有的一个词，即便是**

**把它翻译成英式英语也很困难。**

他说的“管理”内涵很模糊。他认为不适合，或者不屑于给“管理”下一个定义。当然，在德鲁克本人看来，它的内涵可能是非常清晰的。**他说过这样一句话，管理是企业的器官，企业是社会的器官。到底什么是管理？自己去想吧！**

他说的“管理”外延很宽泛。他说的管理不仅包括对工商企业的管理，而且包括对军队、医院、学校、政府机关等非营利组织的管理。总之，他说的管理是对所有组织的管理。

《管理：任务、责任、实践》是德鲁克最重要的管理学著作。在这本书中，他还说过这样一句话：“管理就是赛伊（J. B. Say）所说的‘企业家’，要负责指引本机构的远景和资源朝向取得最大的成果和贡献。”简言之，管理就是企业家该干的事情。企业家该干哪些事情呢？要领导，要经营，要管理。因此，假如说管理有宽口径、窄口径之分，德鲁克所说的管理一定是宽口径的管理。他所说的管理既包括我们所说的领导，也包括我们所说的经营和管理。

德鲁克是著名的管理大师，探讨德鲁克管理思想的文章比较多。本文想另辟蹊径，探讨一下德鲁克的经营思想。

我们通常所说的“经营”，含有开展业务活动之意，所对应的英语单词是“Business”。比如经营方式或商业模式，用英语表达就是“Business Model”。德鲁克所说的 Business（经营），差不多是整个企业的运营，所以很多人把它翻译成“企业”。因此，我们通常所说的经营（Business），与德鲁克所说的 Business（经营），在口径和内容上并不完全一致。毫无疑问，二者肯定有很大的交集，并且在本质上是一致的。

说上面这些话，貌似有点绕，貌似有些远。但不说这些话，下面的陈述就不够准确，也非常不负责任。因为德鲁克所说的企业、管理和经营，跟很多人所理解的完全不是一回事儿。总之，用我们的语言表达德鲁克的思想，非常具有挑战性。行文至此，再一次感受到语言的苍白无力。把这件事情说清楚，既挑战人的认知能力，又挑战人的表达能力，我也只能勉强为之。

德鲁克是如何研究经营（Business）的呢?

首先，注重联系实际。

**对于理论上搞不清的问题，德鲁克没有在概念上和文献里兜圈子，而是直接回到实务层面。不是搞不清“经营（Business）”到底是怎么一回事儿吗?找一家公司仔细观察一下就是了。德鲁克有一个座右铭：“即便生而见之，亦需观而察之（Born to see; meant to look）。”这句话来自歌德的长篇诗剧《浮士德》。**

其次，注重研究成功。

商学院所研究的典型案例多是失败的案例，或至少是有问题的案例。在德鲁克看来，人们从成功的案例中能学到更多的东西。**列夫·托尔斯泰说：“幸福的家庭都是相似的，不幸的家庭各有各的不幸。”经营企业也是这样：成功的企业拥有一些共同的特征，失败的企业则各有各的不同。因此，与其把心思用在失败者犯过的错误上，不如学习、研究成功者普遍的做法。**

再次，注重整体把握。

德鲁克着手研究企业管理并不是特别早。在当时，相关的书籍貌似有很多。但都是一些什么书籍呢？差不多都是研究具体职能管理的，比如生产与营销、财务和工程、采购、人力资源、公共关系等。把企业当成一个整体的书几乎一本也没有。德鲁克自始至终把管理、企业乃至社会视作一个整体。用他的话说，管理是企业的器官，企业是社会的器官。

## 二、 经营的本质是创造顾客

企业是如何经营的（What is a Business）？企业应该如何开展经营活动（How is it managed）？德鲁克选择了西尔斯公司作为观察和研究的对象。

西尔斯（Sears）公司的全称是西尔斯·罗巴克（Sears and Roebuck）公司。西尔斯和罗巴克是两个创始人的名字。它是美国著名的连锁百货公司。在德鲁克著书的时代，西尔斯是一家非常成功的公司。德鲁克说，从 19 世纪末以来，没有一家美国公司，甚至包括通用汽车公司，能像西尔斯公司那样实现持续而稳定的成长。

西尔斯公司创建于 1886 年，理查德 W. 西尔斯是主要创始

**人。公司最初从事邮购销售业务，后来销售被法院罚没的商品，以及城市滞销商品等。它的基本经营模式是，大量买进亏本销售的商品，然后通过邮购广告把商品销售出去。在德鲁克看来，西尔斯的这些做法只能说是商业投机行为，称不上是企业经营行为。**

西尔斯公司虽然因西尔斯而得名，但真正把“西尔斯”这个招牌发扬光大的却是朱利叶斯·罗森沃尔德和罗伯特 E. 伍德。朱利叶斯·罗森沃尔德是芝加哥的一位服装商人，而罗伯特 E. 伍德则是一个退役将军。西尔斯公司是如何开展经营的呢?

**西尔斯公司把广大农民定位为自己的目标顾客。在当时，美国的广大农民近乎与世隔绝，并且常常被商家忽略。西尔斯认为，这个市场不但不能小觑，而且潜力无穷。他们提出，“我们的职责是成为美国农民以及将来的美国中产阶级，消息灵通并且负责任的采购商（**It's our function to be the informed and responsible buyer for the American farmer, and later on for the American middle class.）”。

为达成这一使命，西尔斯在五个领域采取了开创性的举措:

第一，制订采购计划。要不断寻找和拓展供货渠道，以提供农民所需的特殊商品。这些特殊商品数量要充足，质量要可靠，价格也要合理。

第二，制作邮购指南。这份购物指南必须定期出版，所做的宣传不能夸大其词。只有这样，才能赢得农民信任，并给农民带来方便。

第三，改变销售政策。当时流行的销售政策是，“商品售出，概不退换，请买主多加小心”。西尔斯公司提出“无条件退款”，消除购物者的后顾之忧。

第四，创新作业流程。建立邮售工厂、储运体系，及时、高效地处理客户订单。据说，正是借鉴西尔斯的邮售工厂，福特公司才创造出汽车流水线生产方式。

第五，调整人员及组织。依据经营策略，招募人员，组建采购与定制队伍、宣传策划队伍、订单处理队伍等。

经过罗森沃尔德等人的努力，整个西尔斯就像一架运行良好的机器，紧紧围绕着公司选择的目标顾客高速运行。即使在大萧条时期和两次世界大战期间，西尔斯也没有停止增长的脚步。

**什么叫经营？这一系列指向特定目标的行为就叫经营。用时下非常流行的词汇表达，就是经营方式或商业模式。反之，时时以销售为导向，处处以利润为目标，不能叫经营。在德鲁克看来，利润最大化并不能反映经营的本质。**

在此基础上，德鲁克提出了一个非常著名的观点：关于经营的目的有且只有一个有效的说法，那就是创造顾客。（There is only one valid definition of business purpose：to create a customer.）

德鲁克还说：“任何企业有且只有两个功能，即营销和创新（Marketing and Innovation）。”企业有很多功能，比如生产、销售、人事、研发、财务等。但这些都不是基本功能，只有营销和创新（Marketing and Innovation）才是。

在英语里，“营销（Marketing）”是一个动名词。就其本义而言，营销（Marketing）就是“把市场做出来”的意思。对于企业来说，市场就是顾客。换言之，营销就是把顾客做出来，把顾客创造出来。

至于创新，就是要持续不断地把顾客创造出来。因此，营销和创新（Marketing and Innovation）也可以归结为“创造顾客”。归根结底，还是那句话，经营的本质特征就在于“创造顾客”。

**什么叫创造顾客？制造出性价比高的商品，不叫创造顾客。为顾客创造更大的价值，也不叫创造顾客。创造消费条件，消除消费障碍，使购买行为得以成立，使销售行为成为必然，才叫创造顾客。创造顾客不可能靠简单的一个动作达成，它需要采取有计划、有步骤、有组织的措施。这些措施加到一起，构成所谓的经营方式或商业模式。**

德鲁克说，他的这个说法像是“一个会移动的零件”，走遍了全球。**为什么这么受欢迎呢？德鲁克的解释是，因为它只有“一个可变量”。中国人经常说，大道至简。经营就干一件事，“创造顾客”，够简单的吧？**

## 三、经营的起点是确立使命

还有一个公司的做法对德鲁克的经营思想产生了重要的影响。这个公司就是美国电话电报（AT&T）公司。

**我们的业务是什么（What is our business）？对于这个问题，很多人会觉得太肤浅而不屑回答：那还用说吗？"钢铁厂制造钢铁，铁路公司用铁路运载客货，保险公司承保火险，银行发放贷款"。德鲁克认为，能正确回答这个问题并不容易。他认为，最早并且最成功地回答这个问题的人，是西奥多·威尔（Theodore N. Vail）。**

作为美国电话电报公司第一任总裁，西奥多·威尔（Theodore N. Vail）对这个问题的回答是："我们的业务是服务（Our

Business is Service. )”

电信行业带有天然垄断的性质，在多数国家一般由国家经营。美国电话电报公司要保持其私有性质，就得提供优质服务，才能赢得顾客支持。否则，很有可能被政府接管，收归国有。这个说法貌似简单，但它对公司的经营，进而对公司的命运，产生了全面而深远的影响。

**无论是在东方还是在西方，人们通常把经营（Business）理解为“做买卖”或“做生意”。做买卖或做生意有什么特点呢？贱买贵卖，机会导向，一把一利索，争取每次都有赚头。德鲁克发现，伟大的企业家都不是凭感觉行事，而是有一套经营思想（Theory of the Business）。没有统一的经营思想作指导，企业各部门就会打架，经营起来也就不会有章法。**

德鲁克对这个问题非常重视，曾于1994年专门写了一篇文章，并在《哈佛商业评论》上发表，题目就叫“业务理论（Theory of the Business）”。国内专业人士一般把它翻译为“事业理论”。

如何才能树立这样一套经营思想呢？

**德鲁克认为不同的公司有不同的答案，但是应重点深入思考以下三个问题：我们的业务是什么？我们的业务将是什么？我们的业务应是什么？（What is our business? What will our business be? What should our business be?）这就是所说的“德鲁克经典三问”。**

**第一，回答我们的业务是什么。**

德鲁克认为，搞清楚我们的业务是什么，有一个总的中心不能偏离，那就是顾客。“只有从外部、从顾客、从市场的观点来看，才能找到答案。”为了更好地回答这一问题，还要继续追问：谁是我们的顾客？他们在哪里？他们购买的是什么？他们最看重什么？

**第二，回答我们的业务将是什么。**

成功会产生新的情况，形势也会不断变化。昨天对的答案和做法，到明天很可能变得落伍和不合时宜。我们目前的业务是不是要调整？我们目前的业务是不是要扩大？我们目前的业务是不是要拓展？提出这一问题的目的，就在于使企业适应预期的变化。

**第三，回答我们的业务应该是什么。**

谈到这个问题时，德鲁克举了IBM公司的例子。

长期以来，IBM公司都把自己的业务界定为数据处理。在1950年以前，这意味着穿孔卡和对穿孔卡进行分类的设备。当电子计算机出现时，IBM公司对这种新的专业知识一点都不懂。这时，IBM公司就提出了：“我们的业务应该是什么？”结果发现：今后的数据处理必然意味着电子计算机，而不是穿孔卡。

IBM公司提出这一问题，从而抓住了一次重大机遇。未能提出这一问题的企业，很可能会丧失一些重要机遇。因此，企业还必须回答“我们的业务应该是什么”这一问题。目的是不断提醒自己：是不是存在一些机会，或可以创造出什么机会，从而把现有业务改造成为一种不同的业务呢?

对以上三个问题的回答，构成经营的宗旨和使命。

德鲁克认为，只有明确地界定了经营（Business）的宗旨和使命，才有可能确定清晰而现实的企业目标。它是确定优先次序、制定战略、编制计划、进行工作安排的基础，是进行管理工作设计，特别是进行管理结构设计的出发点。

**德鲁克提出，一个企业不是由它的名称、章程和条文来决定的，而是由它的宗旨和使命来决定的。德鲁克还说，经营失败和遭受挫折的唯一重要的原因，恐怕就是人们很少充分地思考它的宗旨和使命。**

在德鲁克看来，宗旨和使命是经营思想的核心。开展经营活动，要从确立使命开始。同时，全部经营活动也要围绕宗旨和使命开展。用德鲁克的话说："一切工作源于使命，并与使命密切相关。"

德鲁克说："我对管理产生兴趣，不是因为我对商业经营感兴趣。"德鲁克的理想是建立一个虽不完美，但尚可容忍的社会。他对经营、管理，乃至整个企业的看法，都是建立在这个立场上的。这是我最后要补充说明的。

**附记：沿着德鲁克的足迹前进**

世人皆称德鲁克为"管理大师"。大师之大，在于学问之大。事实上，"管理大师"这个称谓是涵盖不了德鲁克这个人的。德鲁克素抱淑世情怀，以让社会更美好为职志，在社会科学的很多领域均有卓越建树。所以，即便称“管理大师”，说不定也贬低了他。

大师之大，还在于视野之大。**德鲁克是极少数看到企业全貌和管理真相的人。庄子说：“曲士不可以语于道者，束于教也。”孔子说：“君子不器。”和德鲁克相比，许多管理从业者只能称为专家或方家。什么是专家或方家？仅是一曲之士，只有一器之用。老子说：“大方无隅，大器晚成。”或许，德鲁克配得上这句话。**

# 第四章

# 经营与管理

经营、管理是经理人的天职。如何经营，如何管理，乃至如何处理经营、管理的关系，是一篇大文章。

## 一、 捋清概念再说事

在中国，经理是一个常用词，经营、管理也是常用词，也有很多人探讨经营、管理的关系，但何为经营，何为管理，却不见得人人能说清楚。

为什么难以说清楚？经营、管理说的都是事情，而不是物体。物体很具体，边界很清晰，说清楚比较容易；事情很抽象，边界很模糊，说清楚就不容易了。

大家都在说经营、管理，但说的未必是同一个东西。经营在一些人那里范围很宽，把管理也包括在了里面。管理在一些人那里同样范围很宽，甚至把经营也包括在了里面。几十年下来，经营、管理差不多都成了没有确切含义的名词。

“经营”这个词，中国很早就有。《诗经·大雅·灵台》：“经始灵台，经之营之。庶民攻之，不日成之。”“经”的本义是织布的纵线，后引申为“纵横量地”。“营”的本义是“环绕”，后引申为“周围量地”。经、营同义互文，皆有测量、规划的意思。经营是一个跟物质财富的投入与产出相关的概念。这一点从字源上也可以找到依据。

在汉语里，“管”本指细长的圆筒形物，比如管状乐器、钥匙等。因为钥匙是用来开锁的，锁是用来控制的，所以又从钥匙义引申出管辖、控制等义。“理”本指玉石的纹路，用作动词时，“理”则是“治玉”的意思。在此基础上，又引申出治理、整理的意思。管理的含义后来变得多元而宽泛，但从语义上说，控制与协调是其基本意思。

企业有很多事情，到底哪些属于经营，哪些属于管理呢？

《企业的性质》是罗纳德·科斯的经典名篇，其中有这样一段文字：“**经营意味着预测和通过签订新的契约、利用价格机制进行操作。管理则恰恰意味着仅仅对价格变化做出反应，并在其控制下重新安排生产要素。**（Initiative means forecasting and operates through the price mechanism by the making of new contracts. Management proper merely reacts to price changes, rearranging the factors of production under its control.）”

按照科斯的观点，经营是利用价格机制进行操作，管理则是对价格变化做出反应。换言之，外部的买卖行为，叫经营；内部的组织行为，叫管理。

凡涉及企业外部问题的事情，皆属于经营。比如环境、市场、客户、竞争对手以及合作伙伴等。交换或交易是解决这类问题的基本手段。凡涉及企业内部问题的事情，皆属于管理。比如组织、人事、制度、流程、考绩、分配等。权力或命令是解决这类问题的基本手段。

综上所述，**经营就是经济的运营，它是处理企业外部关系的学问。管理就是管辖、治理，它是处理企业内部关系的学问。**

《大学》里讲到，“物有本末，事有终始；知所先后，则近道矣”。经营、管理何者为先？何者为后？哪一个是目的？哪一个是手段？经理人要做好自身工作，这是首先要考虑的问题。

## 二、 把经营放在前头

两件不一样的事情，做起来要有先有后。经营、管理孰先孰后呢？

对于这个问题，我们可以用一句话回答：

先有经营，后有管理，经营结构决定管理结构，管理是在特定经营结构下发挥作用的。企业止常的状态应该是：经営走在前头，管理跟在后头，而不是相反。

曾经发现一个有意思的现象：很多培训，现场效果往往很好，但培训结束，员工往往依然故我，工作方式并没有多大变化。有的咨询方案也是这样，形式上很完美，逻辑上也无懈可击，但推行起来要打很多折扣，效果并不理想。

为什么会这样呢?

在经营与环境的关系上，环境是自变量，经营是因变量。在管理与经营的关系上，经营是自变量，管理是因变量。

**经营是一个大系统，管理是一个小系统，个人和部门只是一个节点和要素。在大系统不改变的情况下，只改变节点和要素，事情的结果不会有根本的改观。单点的努力怎么可能取得系统的改观呢？尽管每天都有很多人在做这种尝试和努力。**

反之，经营结构改变，管理结构会随之改变，部门和个体行为也会随之而变。正如同一张网，它每一个节点都要受到其他节点的制约。

当然，这只是就一般情况而言的。其实，在企业发展的不同阶段，经营与管理的侧重点各有不同。

在创业期，生存高于一切，经营要高于管理。在发展期，管理高于经营，企业发展才可持续。在成熟期，经营高于管理，企业效益才会明显。衰落期也是收割期，经营高于管理，专注当期利益，往往是自然之选。

## 三、 要以经营为中心

两件不一样的事情，做起来也要有主有次，不能胡子眉毛一把抓。经营、管理孰轻孰重呢？

对于这个问题，我们也可以用一句话回答：

企业要围绕经营开展管理，管理要为经营服务，不能为了管理而管理。

陈春花教授曾这样举例说明：当在经营上选择薄利多销的时候，管理上就要选择成本管理和规模管理；在经营上选择一分钱一分货的时候，在管理上就要做品质和品牌管理；如果像联邦快递一样在经营上选择“隔夜服务”，管理上就要进行流程管理；如果像戴尔一样用“直接定制”的策略，管理上必须做到柔性化管理。

管理大师德鲁克说："在组织内部不会有成果出现，一切成果都是发生在组织外部。"又说："在企业内部，只有成本。"他为什么这么说呢？企业内部制造产品或提供服务，只有获得外部顾客的认可，才有订单、收入和效益可言。

所以说，管理本身是不产生效益的，管理通过服务于经营创造效益。反之，管理要花钱、花时间，管理是有成本的。管理束缚人的个性，限制人的自由，管理也是迫不得已的事情。

还有一个被很多人忽略的事实：

**管理问题不可能一劳永逸，只能在发展中解决。企业管理也没有完美和最优境界可言。可口可乐前董事长罗伯特·郭士达说得好："这个世界上没有完美的公司，只有财务状况良好和不断成长的公司。"所以，一味地加强管理，也不见得是好事情！**

## 四、别让管理拖后腿

假如经营是皮，管理就是毛。皮之不存，毛将焉附？管理永远依托经营而存在。

反过来说，管理也会制约经营的发展。企业如同一个人，光长骨头不长肉不行，光长肉不长骨头也不行。肉就是业务、就是经营，骨头就是管理。

管理对经营反向制约作用体现在哪里？

一般说来，越往企业高层，越偏重经营；越往企业基层，越偏重管理。通过层层转化，经营目标一步步地转化为管理目标。管理抓得好，经营目标就有保障。管理对经营的支撑作用，就体现在这里。

老百姓说："家外有个钱耙子，家里有个钱匣子。"钱耙子是管搂钱的、挣钱的，可以比作经营；钱匣子是管花钱的、省钱的，可以比作管理。老百姓还说："不怕耙子没有齿儿，就怕匣子没有底儿。"只谈经营，不谈管理，经营也将难以为继。

**《孙子兵法》中说："凡战者，以正合，以奇胜。"管理要守正，经营要出奇。经营与管理的关系，如同刀刃与刀背的关系。经营是刀刃，管理是刀背，刀背厚实，刀砍东西才能更有力。**

有些问题貌似是管理问题，其实是经营问题。比如企业内部纷争不断，管理混乱，人心不稳。从表现形式来看，这是一个管理问题。而就实质而言，它却很可能是一个经营问题。

经营方向不调整，商业模式不改变，你管得越严，问题反而会越突出；调整经营方向，创新商业模式，业务拓展开以后，即便你不强调管理，管理的噪音也可能弱化，甚至会消失。

很多老板容易犯的错误是，把经营问题归结为管理问题，试图通过强化管理来摆脱经营困境。层层分解经营指标，对员工非常苛刻，老是骂员工笨、无能。**会打仗的将军不会抱怨士兵，会经营的老板不会抱怨员工。企业不是个体户集中营，高层的经营责任无法切割和分担。在经营框架低效的情况下，盲目给员工下达高额的工作任务，实质是转嫁经营责任。**这都不是好现象。

**一般说来，订单、利润、资金属于经营问题，品质、成本、交期属于管理问题。产品好、业务不好，说明经营不足；业务好、效益不好，说明管理不足。产品好、业务好、效益好，既有效率又有效益的企业，才是好企业。**

## 五、 两手抓，两手硬

假如把企业比作一个人的话，企业一定也得有两只手。企业要一手抓经营，一手抓管理，要两手抓，两手都要硬。

经营发展呼唤管理升级，管理升级推动经营发展；要用经营拉动管理，用管理推动经营，促使企业走上良性发展的轨道。

经营是剑，管理是柄。经营是油门，管理是刹车。经营、管理贵在匹配，奔驰的油门、夏利的刹车，开这样的车，你敢上路吗?

经营关注企业的效益，解决问题的基本手段是量本利的权衡。管理关注企业的效率，解决问题的基本手段是责权利的划分。

很明显，两者之间有交集，交集就是利益。经营是挣钱，管理是分钱。假如企业不挣钱，怎么分钱都不会让人满意。

经营成功，可以为管理改善创造空间和条件，也可以在一定程度上弥补管理之不足。管理的完善，可以推动经营升级和转型，也可以在一定程度上弥补经营之不足。

**《黄帝阴符经》中讲道："天地，万物之盗。万物，人之盗。人，万物之盗。三盗既宜，三才既安。"天地从万物那里偷东西，万物从人那里偷东西，人又从万物那里偷东西。天、地、人这三个大强盗都得到满足以后，天下就太平了。**

同样的道理，顾客要从企业那里得到价值，企业要从顾客那里赚取利润，员工要从企业那里得到利益。三个方面都得到满足，企业才能健康发展。怎么才能让他们三个都得到满足？关键就是要靠经营和管理。

# 第五章

# 使命：企业经营的灵魂

中国人喜欢说，死生有命，富贵在天。企业也有“命”吗？企业的“命”是由谁决定的？一个企业能做多大、活多久，是由它能为谁、做什么样的贡献决定的。

## 一、使命，出使命令

中国的文字很有意思。吃透一个字，你会明白很多道理。就以“使命”为例说说吧。按《辞海》的解释，使命是“使者所奉之命令”。

“使”是什么意思呢？**在甲骨文中，“吏”与“使”通用，是古代官员的统称。到了金文时代，“吏”加“人”旁，特指承担专责的官员。**今天，“使”字也有这样一层意思，就是表示承担某一特殊任务的官员。比如特使、大使等。

“命”是什么意思呢？**“命”的本字是“令”。在甲骨文中，“令”由和组成。表示朝下的“口”。则表示一个跪着的一个人，代表等候指示的下级。“令”表示上级向下级开口发话，**

**作权威性指示。到了金文时代，“令”加“口”旁另造“命”字，代替“令”的动词功能，强调“开口发令”之意**。在今天，命和令均可以用作名词，也可以用作动词。用作动词，表示“发号施令”之意；用作名词，则表示所发之号、所出之令。

“使”和“命”连在一起，是什么意思呢？就是上级召唤和安排下级做的某一件事情，或者上级让下级承担的某一项任务。说白了，使命就是一项任务、一件事情。**一方面，使命有上级对下级的召唤和命令之意。另一方面，也有下级对上级的责任和承诺之意**。如果下级对上级及其命令和安排，不予认可和接受，所谓的使命也不成立。

2006年，在一次非洲之旅的返程飞机上，美国前总统克林顿曾对记者说过这样一番话：**“当你有能力改变一些事情，你在道义上就负有责任，但这并不是一种负担，而是一种愉悦。这就是我人生的动力——但是，谁又能真的理解呢？”**克林顿的这种情怀，就叫使命感。没人强迫他，纯粹出于自觉自愿和责任感。很多英雄豪杰都有这样一种“舍我其谁”的使命感。

中国自古有“天命”的概念。孔子在人生的暮年，曾这样概括自己一生：“十有五而志于学，三十而立，四十而不惑，五十而知天命，六十而耳顺，七十而从心所欲，不逾矩。”孔子在五十岁的时候，感受到了天赋使命。于是，在五十五岁的时候，他开始周游列国。这有如奉命行事。孔子所说的“天命”，就是自觉有一种使命，而其来源是天。

在西方，“天职”的概念十分流行。“天职（Calling/Vocation）”，本义为“上帝的召唤”“神交付的使命”。宗教改革家试图向人们灌输，“上帝所接受的唯一生活方式”“是完成每个人在尘世上的地位所赋予他的义务”。马克斯·韦伯认为，正是新教伦理的这种天职观念，造就了资本家的经营精神和无产阶级的劳动精神。

一些宗教人士和理想色彩浓厚的人，也喜欢使用使命一词。在他们看来，人的生命有两个重要的前提和假定：一是每个人都是天赋异禀的，二是每个人都是使命在身的。

1924年，陶行知曾作一首诗，名字叫《自勉并勉同志》。诗的内容有八句：**“人生天地间，各自有禀赋。为一大事来，做一大事去。多少白发翁，蹉跎悔歧路。寄语少年人，莫将少年误。”**在他看来，每个人都不能白来人世一遭，都是有使命在身的。

**大诗人李白说，天生我材必有用。老百姓讲，地不长无名之草，天不生无用之人。这些话都在说一个意思：每个人都是一块特殊的材料，你不能浪费了它，你得干点属于自己的事情。或者说，要有使命感。**

到今天，使命的含义已经非常广泛。比如老天要我们干的事叫使命，或者也可以叫天命。国君要我们干的事叫使命，或者也可以叫王命。市场或顾客要我们干的事也可以叫使命，就是企业人士常说的企业使命。

## 二、使命，使用生命

使命有什么特点呢？使命是超个人的、超功利的、超眼前的。只关注自己、眼前、名利的人，不配谈使命。

**第一，使命是超个人的。**

从位阶和层次上说，使命的发出者高于承受者。《郭店楚墓竹简》中说：“性自命出，命自天降。”《孟子》讲道：“天将降大任于斯人也。”因此，使命是超越个人的。

**马克思说：“作为确定的人、现实的人，你就有规定，就有使命，就有任务，至于你是否意识到这一点，那是无所谓的。这个任务是由于你的需要及其与现存世界的联系而产生的。”**

使命不同于理想和抱负。理想和抱负是从个人角度出发的，带有个人色彩、主观色彩。使命是社会的呼唤和社会的需要，不是个人的愿望和个人的需要。**使命是一种客观可能性，也是一种外在机遇。它不是个人的主观想象，更不是大脑的幻觉。因此，使命只能觉察、发现和识别，而不能设计、创造和规划。**

**第二，使命是超功利的。**

**凡是直接奔着钱去的事，都不叫使命；凡是直接奔着名和利去的事，也不叫使命。尽管履行使命的过程中，可能会挣到钱，也可能会扬名或获利。**

使命是一份特殊的责任、一份特殊的托付。使命也是一种承诺，并且它是以生命为抵押的。在很多人的心目中，使命是人生价值的最高体现，使命高于一切，甚至生命。为了使命的实现，可以不惜一切代价，甚至是抛弃生命。**什么是使命？使命就是挣到钱后，还要继续干下去的事情。**

**第三，使命是超眼前的。**

曾请教过一个外国朋友，什么是 Mission（使命）？他说得非常好：短期的使命叫任务，长期的任务叫使命。

从管理学的角度说，**一年及一年以内要做的事情叫计划，三到五年要做的事情叫规划，五到十年要做的事情叫战略，十年以上要做的事情叫使命**。使命是时间跨度最长的管理工具。

在中国人的观念里，一生的事业、一辈子的事情，才叫使命。或者说，使命是一个人终极的奋斗目标。确立使命，就是要找到“值得做一辈子的事情”。

唐朝人陆广微的《吴地记》，曾记载干将镆铘铸剑的故事。书里说，吴王阖闾使干将铸剑，炉里的铁汁总是流不出来。干将妻镆铘问该如何办。干将说，从前先师欧冶子铸剑时，曾把一个女人扔进炉中，给炉神当妻子，剑水才流出来。镆铘闻言，即投身炉中。铁汁遂出，铸成二剑。这就是干将、镆铘这对宝剑的来历。

干将、镆铘将生命浇铸到自己的使命当中，使命也让他们的生命绽放异彩。什么叫使命？这就叫使命！

**总之，使命就是一件事儿。社会需要有人来完成这件事儿。当我们把这件事儿当成自己的事儿，这件事儿就是我们的使命。当然，这件事儿得是好事儿、大事儿，不但值得我们做，而且值得我们长期去做，甚至值得我们终生为之奋斗。**

## 三、 企业使命三要素

使命，本义是“使者所奉之命令”。对于企业来说，使命就是你能为谁做出什么样的贡献。使命是社会赋予企业的一项责任，也是自己所做的一项承诺。是顾客赋予企业的一项任务，也是自身所追求的目的。使命就是企业对特定顾客群的特定承诺。它包括顾客与需求定位、功能与属性定位，以及角色与形象定位三个方面的基本内容，如图 5－1 所示。

**1. 顾客与需求定位：为谁做事**

**孟子说：“得天下有道：得其民，斯得天下矣。得其民有道：得其心，斯得民矣。”孟子还说：“得乎丘民而为天子，得乎天子**

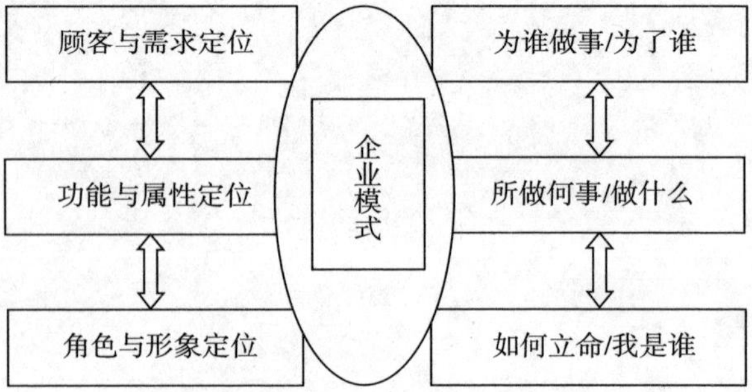


**图5-1　企业使命“三明治”图**

**为诸侯，得乎诸侯为大夫。”**这里，孟子谈的是政权和政治。其实，经营和企业的道理也是一样的。

企业的基础是顾客。赢得顾客，才能赢得市场。而要赢得顾客，就必须赢得顾客的心。你得走进顾客内心，甚至比他更了解他自己。你成就客户的愿望，客户成就你的梦想。如果你实现了你对客户的承诺，就是在实践自己的使命，也就是在实现自己的使命和梦想。

**企业不能满足所有人的所有需求，也不能满足所有人的部分需求，甚至也不能满足部分人的所有需求，而只能满足一部分人的一部分需求。**企业只能针对一部分人的一部分需求做文章。

一个老太太来买杏，问小商贩，这杏是甜是酸。小商贩心想，一般人肯定爱吃甜的啊。于是就说：这杏可甜了。实际上老太太是要给怀孕的儿媳妇买杏，就要买酸的。结果老太太没买，走了。小商贩记住了。一会儿又来了一个老头，小商贩忙介绍说杏是酸的。老头是来给小孙子买杏，小孩爱吃甜的。这次买卖又没做成。过了一会儿，又来了一个中年人，问是甜还是酸。小商贩有了前两次教训，于是改口说："不酸不甜！"结果那人却说，不酸不甜的东西，谁肯吃啊？这次买卖还是没做成。

**中国有一个成语，叫"众口难调"。英国也有一句谚语："Please everyone, please no one."（想让每个人都满意，每个人都不会满意。）在总结成功经验时，德国首富阿尔布雷希特兄弟说："我们只放一只羊。无数事实证明，那些想放一群羊的人，到最后往往连一根羊毛也没剩下。"** 试图讨好所有人，结果往往会得罪所有的人。

十几年前，普通酒店提供的服务项目普遍偏多，很多是顾客并不需要的项目。在此情况下，如家酒店把商务人士和休闲旅游人士作为自己的目标顾客，集中解决两件半事情：第一件事情是睡个好觉，第二件事情是洗个热水澡，剩下的半件事情就是方便上网。解决了这两件半事情，如家迅速发展起来。

有时候，目标顾客确定起来非常困难。比如药品的最终消费者是病人，但医生、医院往往有更大的决策权。因此，也必须把他们考虑在内。有时候，即便是确定了目标顾客，他们的需求也需要深度挖掘。比如Kappa服装的顾客定位就非常有意思。他们针对的是那些"宣称要运动，也应该要运动，但从不运动的人"，或者是那些"要有运动的感觉，但不希望出汗的人"。

**找到有共同需求的一群人，他们即是企业的目标顾客。搞清楚能为他们做什么，这即是企业的经营领域。满足他们的需求，为他们创造价值，就构成企业的使命。** 谁是我们的顾客，我们为他们创造什么样的价值，决定企业的生存空间大小。

2. 功能与属性定位：所做何事

管理大师彼得·德鲁克曾就企业管理提出三个经典的问题：What is our business？What will our business be？What should our business be？（我们的业务是什么？我们的业务将是什么？我们的业务应是什么？）

通常有很多人认为，“钢铁厂制造钢铁，铁路公司用铁路运载客货，保险公司承保火险，银行发放贷款”。按照德鲁克的观点，这不但是错误的，而且是非常肤浅的。我们的业务是什么？或者说，我们干的到底是一件什么事情？要搞清楚这个问题，其实并不容易。

联想集团进入手机市场，一直不是很顺利。反思原因，他们突然明白一个道理：PC是工业品，手机是消费品。按照他们的说法，**“工业品追求规模，消费品追求的是用户体验，但联想在之前都是用工业品的思维做手机，追求销量，以为可以通过摊薄成本的方式获得利润，但事实不是这样”**。自己的业务是什么，原来一直都搞错了！

海尔有一款冰箱，里面有一个放鸡蛋的格子，格子旁边放有一个传感器。当你的鸡蛋吃到只剩两个的时候，它会告诉你只剩两个了，你需不需要补充。当你的牛奶在里面放到第七天的时候，它会告诉你不能再喝了。**海尔以生产冰箱著称，你以为它是在卖冰箱，或者食品保鲜工具吗？错了！人家卖的是膳食管理**

**工具。**

1961 年，雷·克罗克以 270 万美元的价格，买下了麦当劳餐馆的全部产权，包括名号、商标、版权以及烹饪配方等。在这一揽子资产中，克罗克非常看重麦当劳的金色双拱门标志。在克罗克的想象中，有了金色双拱门标志，和法院的国旗及教堂的十字架一起，就凑齐了三位一体的美国城镇建筑物标志。在他看来，这三个东西极易让人产生如下联想：在宗教信仰的寄托下，在法律秩序的约束下，共同享受美好生活。**你以为麦当劳出售的是汉堡、薯条、可乐和奶昔吗？错了。人家认为自己在推广一种生活方式。**

同样的道理，你认为，可口可乐公司是在卖可口可乐吗？那也大错特错了！人家自己说得很清楚，“我们将浓缩液和糖浆销售给装瓶公司，即我们的装瓶合作伙伴，并授权他们使用这些原料生产我们的系列饮料。我们的装瓶合作伙伴独立发展当地市场，将这些饮料供应给我们的客户，包括食品店、零售商、超市、餐厅以及其他企业。与此同时，我们的客户又帮助我们将饮料提供给我们遍布中国的消费者。”换言之，**可口可乐公司不卖可乐，而是组织大家卖可乐，它是“产业价值链的组织者”**。

大家经常说，要对产品进行定位，要对业务进行定位。其实，企业真正要做的事情，是对自身的功能和属性进行定位。产品和业务只不过是自身功能和属性的载体和表现形式。客户购买的既不是产品，也不是服务，而是这种产品或服务带来的某种用途或好处。

**企业的产品或服务具备某种功能或属性，就能给顾客带来某种用途或好处。产品或服务不是企业的目的，能帮上顾客的忙，才是企业的目的。**企业的业务性质或产品功能，要与客户的客观需要和核心价值保持一致。通过提供特定产品或服务，满足顾客的特定需求，帮他们解决问题和麻烦，才是企业的使命。

**3. 角色与形象定位：如何立命**

世上没有完全相同的两片树叶，也没有完全相同的两个企业。**每个企业都有其独特的属性、独特的能力，也都有其独特的用武之处。这种独特性正是这个企业的价值之所在。**天造万物，各有各性，各有各命，这岂是个人能改变得了的！

“杂交水稻之父”袁隆平，早年做过很多农作物杂交试验。一开始，搞土豆与西红柿杂交。希望地下长土豆，上边结西红柿。但是，杂交作物的种子第二年就会退化。他意识到，杂交不能和基因顶着来，顶着来是没有前途的。后来，他走上了水稻杂交之路。

这个世界上，既有土豆，也有西红柿。土豆长在地下，淀粉含量高；西红柿长在地上，糖分含量高。**一物有一物之性，一物有一物之用，一物有一物之命。怎么可能有一个东西，既是土豆，又是西红柿呢？**这样的话不是逆天了吗？逆天的事情怎么可能走得通呢？

企业也是这样。企业的成长就没有边界吗？肯定有！企业的成长能随意跨界吗？肯定不能！这同样是由其天命与本性决定的。《易经》："君子慎始，差若毫厘，谬以千里。"

两家公司都有人、有钱、有技术，从理论上讲，都可以做对方在做的事情。但事实上行不通。公司小的时候，还有一定的可塑性。成长到一定阶段，基本架构已经成型，核心能力已经具备，业务边界也将开始出现。超出这个边界，就没有效率可言。

历史上，可口可乐公司曾购并葡萄酒业务，但最终失败了。原因有很多，我们可以从天命和本性的角度进行分析。可口可乐就是软饮料，怎么可能是葡萄酒呢？假如它既是软饮料，又是葡萄酒，那它就什么都不是。什么都不是的业务和企业，怎么可能做起来呢？不可能！

近几年来，腾讯开发的微信操作系统非常火爆。作为中国最大的基础网络运营商，中国电信心里肯定不是滋味：自己辛辛苦苦耕耘那么多年，为什么收割的却是别人呢？我们可以设想一下，电信做腾讯的事情做得了吗？做不了！不是因为资金和技术障碍，而是由其天命和本性决定的。电信是异地通信的工具，QQ和微信是人际交流的工具。**老是羡慕别人，就做不好自己。坚定不移地做自己，就不可能取得别人那样的成绩。**

作为中国互联网业的巨头，腾讯和阿里巴巴各有所长，也各有所短。阿里巴巴羡慕腾讯的流量和黏性，那么多人泡在微信和QQ上，一泡就是好几个小时。腾讯羡慕阿里巴巴的变现能力，每天都有海量的商品从淘宝和天猫流出。它们也都试图模仿对方的业务模式，进入对方的经营领域，但都不太成功。为什么？这也是由其天命和本性决定的。微信就是一个人际交流的工具，它怎么可能变成一个商城呢？假如它变成了一个购物的场所，也就不再是一个交际的工具。折腾来折腾去，到头来，损失最大的还是自己。

**一物有一物之性，一物有一物之用，一物有一物之命。一样东西怎么可能既是它自己，又是别的什么东西呢？一样东西怎么可能既具备这种功能和属性，又具备那种功能和属性呢？**天命是不可违背的，本性是不可偏离的。所以，要搞清楚自己到底是干什么的。忘记了天命，违背了本性，也就迷失了自我。

《郭店楚墓竹简》中说："性自命出，命自天降。"《中庸》开篇讲，"天命之谓性，率性之谓道"。**上天赋予的，叫天命或本性。遵循天命，安于本性，才叫合道。合于天道，才能安身立命。**什么叫安身立命？不但能活下去，而且活得有意义。生活上有着落，精神上有寄托。对于企业来说，就是不但挣钱，而且有明确的发展方向。

企业在满足顾客需求，以及与外界打交道的过程中，会提高自己的能力，聚拢更多的资源。同时，自己的角色和形象也会越来越清晰。不然，它自己就不知道自己该干什么，别人也不知道它是谁。**在中国，有不少企业不知道自己该干什么，别人也不知道它是谁。这样的企业偏偏想着要挣大钱，创百年基业，不是很荒唐可笑的事情吗？**

马不能无缰，不然，就不堪驾驭；船不能无舵，不然，就不能把握方向；企业不能没有使命，不然，就没有明天。

## 第六章

# 商业模式就是经营方式

商业模式既包括创造价值的活动，又包括实现价值的活动。从前一个角度看，商业模式就是经营方式。

## 一、商业模式也叫经营方式

商业模式（Business Model），是既有的一个名词，流行的时间也不短了。对于这样一个名词，我们不能随意制造一个意思，放在它的名下，这叫“偷梁换柱”。这样做不但说不清问题，反而会制造混乱。**我们不仅要留意它的字面意思，还要留意它所指代的对象。只有这样，才能做到名副其实。也只有名副其实，才能让人容易理解、容易接受。**

从字面意思来说，商业模式（Business Model）就是经营方式。什么是经营方式呢？经营方式是企业为实现特定经营目的，而采取的一组经营方法、手段和活动的集合。

有顾客，就有企业。没有顾客，企业就活不下去。企业生产什么不重要，顾客购买什么才重要。因此，经营的目的就是创造顾客。这也叫企业使命。

企业要紧紧围绕宗旨和使命开展业务活动，也就是所谓的经营活动。经营活动的结果是盈利或挣钱。因此，商业模式既包括创造价值的活动，又包括实现价值的活动。从前一个角度看，商业模式就是经营方式。从后一个角度看，就是盈利模式。这二者一体两面，共同构成商业模式。

创造顾客不可能靠一个动作就完成。它需要企业采取一系列的动作。创造收入、赚取利润也需要系统的设计。另外，为了能够持续盈利，还必须设计竞争壁垒，以抵御竞争对手的模仿。这些东西加起来构成一个系统、一个整体。这个系统和整体不但要和企业其他部分有机结合，而且要支撑企业，使企业与整个社会有机结合。

经营者、投资者出于不同的需要，分别关注商业模式的不同侧面。所以，他们各自看到的、说到的商业模式也就不同。但它实际上就是这样一个系统。什么是商业模式呢？这就是商业模式。

商业业态千姿百态、千变万化，到底有没有踪迹可循呢？正如同唱歌有曲谱儿、下棋有棋谱儿，商业模式是不是也有一个谱系？

日本学者三谷宏治是企业历史研究学者，曾著有《商业模式全史》一书。他说：“到1990年，可以说基本的商业模式均已确立。”因此，真正全新的商业模式并不多见。只要我们把基本的商业模式梳理清楚，就可以描绘出一幅商业模式全景图。

经过梳理，我们可以发现，商业模式创新大致可以分为产品、企业、行业、财务四个维度。在这四个维度之下，又有一些不同的具体节点。只要触动这些节点当中的一个，企业的经营结构和盈利结构就会发生变化，一个新的商业模式物种就会出现。

有了这样一个东西，我们塑造商业模式就有了一个基本的参照系。

## 二、 商业模式的前世今生

文科的东西有一个特点，就是概念难以说清。为什么会这样呢?

因为文科研究的都是一些事，而不是物。一方面，物的边界清晰，事的边界模糊，所以不容易把握。另一方面，物很具体，事很抽象，所以不容易说清。商业模式正是这样，它说的是一个事，而不是一个物，所以难以说清。

那么，如何才能说清这类概念呢？在文字上兜圈子是没有出路的。唯一的办法是回到事情发生的具体场景，搞清语言所指代的对象，在此基础上，梳理语词的特定含义。

**经营是企业的基本功能。有企业就有经营，有经营就有经营**

**模式。但是，有经营模式不一定非得有经营模式（即商业模式）这个名词和说法。**

因为处于萌芽状态的事物，人们不会注意到它的存在，更不会赋予它一个名称。只有当它发育到一定程度，形式和格局足够完备，人们再也不能忽略它的存在时，才会被迫赋予它一个名称。不然，它天天在你面前出现，你怎么称呼它呢？怎么对人说起它呢？商业模式就是这样一个东西。

**传统的企业经营方式可以分为三类：**

**第一类是转换增值，即采购原材料，把它转换成产品，通过销售产品赚取利润。这是生产型企业在做的事情。**

**第二类是交易增值，即采购产成品，把它销售给别人，利润主要来自购销差价。这是贸易型企业在做的事情。**

**第三类是服务增值，即帮助别人解决问题，通过提供服务赚取利润。这是服务型企业在做的事情。**

可以说，这三种企业经营方式都非常简单，并且是自然而然形成的。在很长一个历史时期，它们是企业经营方式的主流。具体到某个特定行业，经营方式虽会有所变化，但一般变化不大。**在这些经营方式之下，商家提供产品或服务，然后获取收入，一切都是自然而然的事情。大家都这么想，也都这么做，所以没有商业模式的问题。**

那么，人们是在什么情况下说到商业模式这个概念的呢？换言之，商业模式的话语场景和背景是什么呢？这是我们接下来要搞清楚的问题。

这个问题大家都不陌生，商业模式这个说法是在互联网和资本运营背景下兴起的。具体来说，在电子商务和风险投资领域运用最频繁。

这些领域有什么特点呢？第一，经营环境复杂多变，生存竞争特别激烈，传统经营方式不敷使用。第二，企业出于生存和发展的需要，不断创新和变革经营方式，新的经营方式层出不穷。

在这些领域，以前自然而然的事情，现在变得并不必然。比如出现了免费模式和第三方付费模式。以前，提供产品或服务，收取费用自然而然。收益环节和经营环节紧密相连，同步进行。现在，提供产品或服务，不必然收取费用。收益环节和经营环节相对独立，各有侧重。**在这样的背景下，在这样的产业领域，商业模式得以充分发育。于是，出现商业模式的问题。因而，人们开始重视商业模式。**

商业模式出现了！谁在说商业模式呢？他们都在说什么呢？

投资家在说商业模式，企业家在说商业模式，创业家也在说商业模式。

创业家在说商业模式时，他所要表达的是：我们干的到底是一件什么事情。或者说，企业的使命是什么。至于具体怎么干，怎么挣钱，他未必能说多清楚。即使说得清楚，也很难变成现实。

企业家在说商业模式时，他所要强调的是：我们到底是如何开展业务的。或者说，企业的经营方式是什么。他认为，经营的关键是创造顾客，有顾客就有未来。市场有前景，企业就有未来。具体盈利多少，他不一定能说多清楚。

投资家在说商业模式时，他所关注的是：一家企业到底是如何赚钱的。或者说，企业的盈利模式是什么。投资人投的是钱，最关心的事情是赚钱，最怕的事情是赔钱。如何判断一件事情能不能挣到钱呢？至少得有一套逻辑让人信服。在他看来，这套逻辑就是商业模式。

**由此看来，大家都在说商业模式，其实关注的要点和侧面并不一样，尽管说的都是同一个对象。这些要点和侧面加在一起，才构成所谓商业模式！**

## 三、 商业模式在说什么事

涉及企业管理的名词有很多，尽管都和企业有关，但它们说的并不是同一件事。比如企业战略和商业模式，二者说的就不是一回事。**战略及战略规划主要说明企业干什么、不干什么以及怎么干。商业模式主要描述一个系统是如何运营的，说明一家公司如何开展业务，如何赚取利润。**

商业模式在英语里叫 Business Model，本意是经营要素及其逻辑关系。但把它翻译成“商业模式”并不尽如人意，甚至容易误导人。因为“模式”在汉语里通常被理解为“可复制的、固定化的做法”，与商业模式的真实语意有不小的差距。

关于商业模式有一种说法，或者可以称之为二元结构或“双黄蛋”结构。这种观点认为，商业模式由两部分构成，一部分叫顾客价值创造系统，另一部分叫企业价值实现系统。这两部分既相互影响，又彼此独立。这样一种关联结构或者说耦合结构，就是所谓的商业模式。这种观点流传很广。我们认为，这种说法不够完整，所以弃而不取。

我们认为，一套完整的商业模式应该可以回答以下三个基本问题：我们干的到底是一件什么事情？我们如何开展自己的业务？我们如何赚钱？因此，它包括以下三个相对独立的侧面：

**第一，业务结构或业务系统。**

顾客是企业的命脉。有顾客光顾，企业才有生意可做，才能生存和发展下去。但顾客光顾，接受企业的产品或服务，往往受很多主、客观条件的制约和限制。企业要创造条件使消费成为可能，要消除消费障碍使潜在需求成为现实需求。这一过程是企业创造顾客的过程，也是企业发展壮大的过程。

在复杂多变的经营环境下，制约和限制顾客消费的条件是复杂多样的。企业的应对措施也必然是有组织、成系统的，而不能是单一的和零散的。企业的这些举措指向一个共同的中心，那就是顾客。因而，企业的这一系列举措也必然以结构化、一体化的形式呈现。企业为创造顾客而采取的这一系列措施，构成企业的业务结构或业务系统，也就是所谓的经营方式。

从这个角度说，商业模式的实质就是企业经营的结构、系统或者说是生态。从这个意义上说，创办一家公司，本质上就是创建一个业务结构，构建一个经济系统，甚至是发育一个商业生态。

**第二，财务结构或财务系统。**

企业在经营的过程中会有收入，也会有成本费用支出，二者的配比形成利润，构成企业的经营成果。这属于财务的范畴，前者属于业务的范畴，二者不是一回事。财务表现是经营有效性的检验，证明和决定一个模式是否可行与成立。

财务结构包括收入结构、成本结构、资产结构、资本结构等，既受经营因素的影响，也有一定的相对独立性。财务结构决定企业的整体业绩，构成所谓的盈利模式。

**第三，企业使命或业务性质。**

作为一个复杂的经济系统，企业不可能是无中心、无主线、无灵魂的。一堆业务堆积在一起，就是企业吗？肯定不是。这个系统的中心和出发点就是企业的经营宗旨和使命。

使命是企业最高经营指南。要实现企业的使命或终极经营目的，必须要做哪些事呢？在做这些事情的过程中，会慢慢发育出自己的经营方式，形成自己的业务系统和业务结构。从逻辑上说，经营方式是企业为实现自身的经营目的也即企业使命，而采取的一组经营手段和经营活动的组合。

构成商业模式的这三个方面是什么关系呢？

业务系统是企业使命的实现方式，企业使命是业务系统的终极目的。财务系统是业务系统运行的必然结果，业务系统要靠财务系统支撑才能维系。

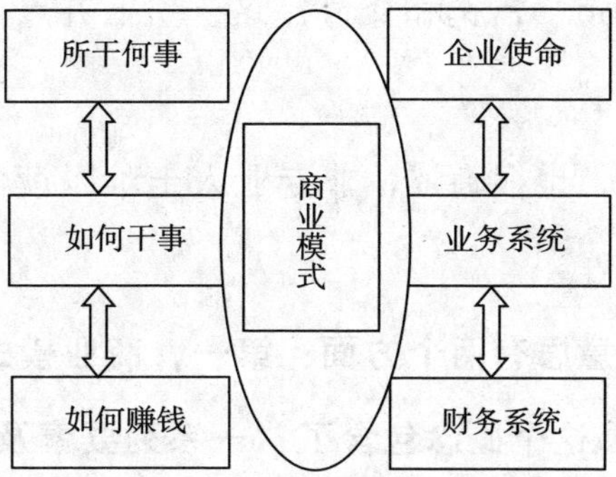


**图 6－1　商业模式“三明治”图**

从图 6－1 可以看出，创业家从这个图的前端看商业模式，投资家从这个图的末端看商业模式，企业家从这个图的中间看商业模式。如同盲人摸象，立场不同、视角不同，每个人都只是看到了商业模式这头大象的一小部分。

梳理完商业模式的含义，有一个问题引起了我的思考：说清商业模式这个概念，为什么那么难呢？

因为它看不见、摸不着，很抽象，还因为它很复杂。事情的结构本来就不一样，有的很简单，有的很复杂。简单的容易捋清，复杂的就难以捋清。很显然，商业模式属于后者。

关于商业模式，外国学者奥斯特瓦尔德（Osterwalder）、皮格内尔（Pigneur）、图斯（Tucci）在 2005 年发表过一篇文章，名字叫《厘清商业模式：这个概念的起源、现状和未来》。在这篇文章中，他们提出一个商业模式的定义，受到普遍认可和推崇。他们认为，“商业模式是一种包含了一系列要素及其关系的概念性工具，用以阐明某个特定实体的商业逻辑。它描述了公司所能为客户提供的价值以及公司的内部结构、合作伙伴网络和关系资本等用以实现（创造、营销和交付）这一价值并产生可持续、可盈利性收入的要素。”

这段话很长，也很晦涩，非专业人士难以读懂。他们要表达一个什么意思呢？

**他们的核心意思有两个方面：第一，商业模式是一种“概念性工具”。第二，这个概念包含了“一系列要素及其关系”。换言之，商业模式是一个大概念，在它的下面涵盖若干个不同的小概念。翻译成中国人能懂的话就是，商业模式是一个“筐”，并且这个“筐”里装着不止一样东西。**

商业模式不但是一个概念，而且是一个概念“筐”。这有什么奇怪的吗？一点也不奇怪！类似商业模式这样的概念，还真不止一个。除了商业模式以外，管理模式、生产模式等也有类似的特点。当然，商业模式也是完全不同于管理模式、生产模式的东西。

**在这个世界上，鸡蛋本来就是鸡蛋，火腿本来就是火腿，面包本来就是面包。但当“三明治”出现在我们面前，面包当中夹着鸡蛋和火腿时，你说它到底是面包、鸡蛋还是火腿呢？很显然，都不是！**

世界上的事情，有的很简单，有的很复杂。正如同建筑的结构一样，有的是单式结构，有的是复式结构；有的是单间，有的是套房，还有的是一个院落。简单的容易理解，复杂的就不容易理解。问题是，很多事并不像人们想象得那么简单。

说了半天，商业模式到底是个什么东西呢？

我们可以打个比方：它是炒菜的菜谱、演戏的剧本、拳击的套路。**菜好不好吃，食材、调料都很重要，但菜谱更有先决性。戏好不好看，演员、道具都很重要，但剧本更有先决性。拳击高手取胜，靠的不是单拳、连续拳，而是组合拳。**

**第七章**

# 打造你的竞争壁垒

企业家最看重的是什么？投资家最在意的是什么？好企业、坏企业的差别是什么？企业的命脉是什么？其实，这些问题说的是一回事儿！

## 一、 什么样的企业最赚钱

什么样的企业最赚钱？说到这一话题，大家首先想到的往往是高新技术企业。事实真的是这样吗？我手头掌握的数据不多，更没有进行所谓的“实证分析”。但当我看到投资家提供的一组数据时，还是非常震惊的。

东方证券副总裁王国斌曾提供了一组数据：**美国 1950 年到 2003 年给投资人最佳收益的股票分别是卡夫食品、雷诺烟草、新泽西标准石油、可口可乐公司。**

他还提到杰里米·西格尔在《投资者的未来》中汇总出的一组数据。**1957－2003 年，标准普尔 500“幸存者”表现最佳的有 20 个。这 20 个最佳“幸存者”主要出自两个产业：高知名度的**

**消费品牌公司和大型制药企业**。这两个产业共占17家，占比高达85%。其中，菲利普·莫里斯在46年时间里上涨了4600倍，排名第一。

王国斌还说，第二次世界大战以来，世界流行过很多高科技，比如1950年的航空、电视，20世纪六七十年代的计算机，20世纪80年代的生物技术，1990年到2000年的互联网。但是从股票表现上来看，前二十名找不到所谓的高技术公司。

在一次演讲中，投资大师沃伦·巴菲特也谈到他对这一问题的看法，并展示了他的统计分析结果。

汽车是20世纪上半叶最重大的发明，它对人们的生活产生了巨大的影响。如果在第一批汽车诞生的时代，你目睹了国家是如何深受汽车产业的影响而发展起来的，那么你可能会说："这是我必须要投资的领域。"假如那样，结果又会怎么样呢？

美国历史上曾有2000多家汽车公司，但最终只有通用、福特、克莱斯勒等3家企业活了下来。并且在前不久，这3家公司的市场价格都低于其账面价值。换言之，已没有任何投资价值。

飞机是20世纪另一项伟大的发明。莱特兄弟发明"小鹰号"飞机之初，每个人都对这个新兴的行业充满了期待。身处那个时代，每个投资者都不免蠢蠢欲动，心想这才是自己要投资的领域。然而，事实到底怎么样呢？说出来同样让人震惊！

从1919年到1939年，美国曾有200多家航空公司，但绝大多数公司都不赚钱。巴菲特开玩笑说："我真的宁愿这么想——当我回到'小鹰号'时代，我会有足够的远见和'见义勇为'的精神，把奥维尔·莱特给打下来。但我没做到，我有愧于未来的资本投资人。”这话是什么意思呢？这个行业投资回报率很低，太对不起投资人了。

这些数据和事实足以说明，**技术的新旧程度及技术含量的高低，与利润水平的高低并没有必然的联系。曾经的新兴产业，从汽车、飞机、电脑、手机到电子商务，存活下来和赢利的企业都是少数。产业的趋势并不等于企业的趋势，更不等于企业盈利的趋势。**

## 二、 企业利润是从哪里来的

既然利润和技术没有必然联系，那么，企业利润又是从哪里来的?

看到这个问题，很多人可能会说，那还用说吗，当然是通过销售商品或提供服务创造的。这么说固然不错，但它提供的信息为零。

媒体人罗振宇说：“你的报酬不是和你的劳动成正比，而是和你的劳动的不可替代性成正比。”他说的是个人，而企业也是如此。**企业赚不赚钱，往往不是因为提供了质量更好的产品，而是因为提供了不可替代的产品。价格的高低和利润的多少，主要与商品的竞争力和稀缺程度有关。即老百姓说的物以稀为贵”。**

从经济学的视角看，尽管行业竞争格局有多种类型，但最极端的情况只有两种，一种是完全竞争，另一种是完全垄断或一家独占。

经济学也告诉我们，**在一个完全竞争的行业，企业只能以接近边际成本的价格出售产品。换言之，它将根本无利可图。只有在不完全竞争的情况下，公司才有一定的定价权，才能获取一定的利润**。不完全竞争的极端情况就是垄断。

然而，世人对垄断有着很深的误解。

汉语里的“垄断”，来源于《孟子》。孟子发现，无论官场还是商场，都有人想进行垄断。

“古之为市也，以其所有易其所无者，有司者治之耳。”在古代，设立市场能互通有无，不存在谁欺负谁的情况，这是由于有关部门管理得好。

“有贱丈夫焉，必求龙断而登之，以左右望而罔市利。”有那么一个卑鄙之人，总要找块高地登上去，以便左右张望，从而把市场上的好处都捞过来。

在汉语里，垄断就是把持和独占，含有霸道的意思。垄断就是要“赚进每一分可能赚到的钱”，含有贪婪的意思。

垄断在英语里对应的词语则是Monopoly，本义是独占、专卖。总之，无论是东方还是西方，垄断（Monopoly）这个词从一出现就是一个贬义词。

其实，垄断有很多种情况，不能一概而论。

第一种情况，是政策垄断。比如政府可以自己把持某种商品的经营，这叫专卖。中国历史上，曾对盐、铁、酒、茶、醋、矾等产品实行过专卖。政府也可以通过核发牌照，限制某类商品或服务的经营。

第二种情况，是非法垄断。用阴谋或暴力手段，达到排挤竞争对手的目的。它不但违反法律，而且违背道德。

还有一种情况，既不违反法律，又不违背道德。它是通过正当经营形成的垄断，或可称为策略垄断。比如通过技术创新或依靠品牌优势等，建立起市场上的绝对竞争地位。

当然，世人对于利润的误解更多。

利润对于企业有什么用呢？利润帮助企业抵御风险，也是企业的创新基金和发展基金。利润是企业自身价值的体现。离开利润，企业就没法活。说它来自于工人的血汗，意味着贪婪，充斥着罪恶，真是太偏颇了！

迈克尔·波特是美国著名竞争战略学者。在攻读博士时，他注意到一个重要现象：**由于竞争壁垒的存在，在某些行业和企业中“存在且可以持续存在超额利润”。在经济学家看来，不充分竞争状态是低效的，是一个需要解决的大问题。但波特认为，这恰恰是企业不断探寻追求的解决方案，是企业经营的理想境界。**企业应当寻找到正确的定位，形成结构性壁垒，才能保障源源不断的超额利润。正是从这一点出发，波特建立了他著名的竞争战略理论体系。

俄国大文豪托尔斯泰有一句名言：“幸福的家庭总是相似的，不幸的家庭各有各的不幸。”美国著名投资家彼得·泰尔则说：

**“企业成功的原因各有不同：每个垄断企业都是靠解决一个独一无二的问题获得垄断地位；而企业失败的原因却相同：它们都无法逃脱竞争。”**他也说，垄断并不是商界的症结，也不是异常存在，而是每个成功企业的写照。他的观点是，失败者才谈竞争，创业成功必须垄断。

**在普通人看来，垄断是不道德的，必须打破。在经济学家看来，垄断是低效的，是一个问题，必须解决。但在企业家看来，垄断不但是高效的，而且是必须的，甚至是整个企业长期为之奋斗的终极目标。**这在一流企业家那里是一个共识，尽管很多人没有意识到。

作为战略管理方面的资深人士，有时候我想，**假如非得用两个字概括企业战略要义的话，这两个字一定是垄断。说一句可能有点过头的话，垄断不但不是万恶之源，而且是一切美好的开始。**

## 三、竞争壁垒有什么价值

垄断对企业那么重要，如何才能形成垄断?

垄断的对立面是竞争。要达成垄断，就必须排除和限制竞争。而建立竞争壁垒，是排除和限制竞争的基本手段。当然，建立竞争壁垒有不同的方法和途径。

我们知道，价格对于企业非常重要，因为价格决定利润空间的大小。价格是如何形成的呢?

可以想象一下：市场上有买方，也有卖方，一方漫天要价，另一方坐地还钱。买方有议价能力，就可以降价；卖方有议价能力，就可以涨价。最后，买卖双方都再无议价的能力，于是成交，价格形成。这个价格也叫均衡价格。

因此，**毛利取决于价格，价格取决于话语权和议价能力；话语权和议价能力取决于供求关系。而在需求一定的情况下，排除和限制供给显然能提高自身的议价能力，并最终提高自己的利润水平。竞争壁垒对于企业的价值，通过这一连串的关联效应凸显出来。**

很多人知道，德国企业效益好。原因何在？经济学家分析，德国企业赚钱，是因为德国企业拥有定价权，利润非常有保障。他们确定的价格，买家不能讨价还价。有人统计，在全世界，三千多种德国产品具有说一不二的定价权。它的定价权则来自它的优势：要么人无我有，要么人有我优。例如克虏伯的无缝钢管全世界最好，即使善于模仿的日本，也做不出同等质量的产品。

**换言之，竞争壁垒的价值就在于，保护企业的利润流，降低和避免竞争对手的侵蚀与冲击。同时，还可以增强企业盈利的可预测性，消除盈利的不确定性。没有竞争壁垒，企业的利润就没有保障。**

投资家在选择投资项目时，无不重视竞争壁垒，他们甚至拿它当作鉴别项目好坏的“试金石”。

巴菲特有一个著名的理论，叫护城河（Moats）理论。所谓护城河理论，即强调一切的投资标的都要有入门门槛。他认为，一个好的企业必须有自己的护城河。只有拥有护城河的企业，才能拥有定价权（Pricing Power）。他有一句名言：“判断一家公司的优劣，我只看它是否有定价权，CEO 姓甚名谁有时候根本不在我考虑范围内。”

巴菲特曾一遍遍地向公司高管强调“始终专注于寻找拓宽护城河的机会，拓宽使公司领先于竞争对手的护城河”。复星集团是巴菲特的中国拥趸，该集团 CEO 梁信军说：“当遇到仿制者花费两三年的时间就可以提供同等水平产品的投资项目时，复星都会格外小心。”

**作为一家企业，你必须得有一些东西，你有别人没有，你会别人不会，你能别人不能。这些东西可以统称为竞争壁垒。没有竞争壁垒的项目就没有投资价值，因为谁都可以做。**

## 四、经营者要有壁垒意识

竞争壁垒这个东西，无论是经济学还是管理学，无论是企业家还是投资家，都非常关注，只不过说法不同而已。有的称之为进入障碍，有的称之为竞争壁垒，有的称之为价值保护机制，有的称之为利润隔离机制还有的称之为战略控制手段。投资大师巴菲特则称之为护城河。

无论说法是什么，指的其实都是同一个东西，并且其目的、作用都是一样的，那就是抵御竞争、保护利润。既然竞争壁垒是护城河，企业要设法越过护城河，然后把过河的桥拆掉，使它只对别人起到阻挡作用。没有护城河的企业，再优异的业绩也只能是昙花一现。

2005年，谷歌公司投资5000万美元收购安卓操作系统。手机操作系统和搜索引擎技术本无关联，谷歌公司出于建立护城河或竞争壁垒的考虑，决定购买安卓操作系统。站在它当时的立场，它认为互联网未来的终端是手机，如果客户手机里安装的是它的操作系统，自然会用它的搜索引擎；如果安装的是别人的操作系统，自然会侵蚀它搜索引擎的领地。搜索引擎是它的势力范围，绝不容他人染指，所谓"卧榻之侧，岂容他人鼾睡"。

猎豹CEO傅盛说，未来大量公司的连接将是资本的连接，不是把地越圈越大，而是把自己越做越厚。傅盛举了腾讯的例子，"腾讯这五年和前十年风格完全不同。腾讯把核心业务做扎实，然后把边缘的地方用资本连接，而不是用人力和管控去连接。"腾讯的这种做法其实就是建立护城河。做强自己，同时建立宽阔的护城河，是BAT等中国一线互联网企业的基本思路。

**打起仗来，要会进攻，也要会防守。只有攻守兼备，才能立于不败之地。经营企业也是同样的道理。只有发展意识、盈利意识，没有竞争意识、壁垒意识，极易陷入被动，甚至导致战略性崩溃。相反，成熟的企业家都有很强的竞争壁垒意识。**

当当网创建于1999年，比京东早5年，曾在中国图书电商领域占绝对优势地位。2010年10月8日，当当网成功上市，被誉为"中国的亚马逊"。可当当并未保住先发优势地位，迅速掉队，现在已被挤出电商第一阵营。

当初，当当网以图书电商立网。员工多来自出版社，CEO李国庆也深谙图书产业链与定价规则。他们考虑更多的是，卖一本书可以赚多少钱。为减少投入，当当坚持“有钱也不自建物流”。图书电商为当当贡献了大部分利润。

但这样做下去，你与竞争对手相比，有何优势可言呢？赚钱的美梦是有条件的，这个条件就是竞争壁垒。没有竞争壁垒，再甜美的梦都做不长！

2011年，京东放出口号，“5年内不允许京东图书部门盈利”。京东图书的定位是，电子商务主动搜索消费频率最高的标准品。他们的考虑是，如果卖一本书亏损5元钱，但可以带来一个有效注册用户，远低于通过营销获得一个用户的成本，这个生意就非常值了。

刘强东认为，“成本、效率、用户体验”构成零售电商的三大竞争要点。只有在竞争要点上超越对手，才有优势可言。京东坚持自建线下物流，即便巨额亏损也不为所动。对上游供货、对下游物流仓储的一体化闭环对接，最终形成它垄断的护城河。当初导致巨亏的物流体系，如今已成为京东最核心的竞争优势之一。

当当网只有盈利意识，没有壁垒意识，很快被后来者追了上来。这个教训不能说不惨痛！

## 五、建立壁垒有哪些路子

**经营者对竞争力普遍有认识，但对竞争壁垒普遍没有认识。其实，建立壁垒的目的在于抵御竞争，其结果是提高竞争力。**因此，竞争壁垒和竞争力提高差不多是同义词。

可以构成竞争壁垒的东西有很多，一切有利于排除竞争的东西都可以算作竞争壁垒。常见的竞争壁垒有品牌、技术、价格、资源等。这里择其要者分述如下：

### 1. 品牌壁垒

1985 年，可口可乐更改配方，结果引发全国性的消费者抗议。在美国人看来，可口可乐已成为美国历史和文化的重要组成部分，不能随意更改。**在美国，有三件事被认为是只有靠上帝帮忙才能实现的，一是彩票中头奖，二是当选美国总统，三是战胜可口可乐**。可口可乐的品牌就是它最主要的壁垒。

### 2. 价格壁垒

诺贝尔在发明炸药之后，创建了炸药卡特尔集团。很长一段时间，该集团几乎垄断了全球的炸药市场。后来，尽管诺贝尔的专利权已经到期了，但这丝毫没有影响该集团的垄断地位。它之所以能够长久保持这个地位，主要是通过降价策略。

每一次降价，它的业务量就会增加10%～20%。那时，卡特尔集团旗下公司的投资早已完全收回，所以消化剩余产能的方法就是低价出售产品。这种情况使潜在的竞争对手对建立新的炸药工厂望而却步，而卡特尔本身却依然保持着它的盈利。

老干妈是中国辣椒酱大王。老干妈的创始人陶华碧尽管没有上过一天学，但她深谙经营之道。老干妈深知，在市场份额领先的情况下，产品价格涨幅不能太大。否则，就会给竞争对手以可乘之机。

以老干妈的主打产品风味豆豉和鸡油辣椒为例，其主要规格为210克和280克，其中210克规格锁定8元左右的价位，280克占据9元左右的价位，其他主要产品根据规格不同，大多也集中在7～10元的主流消费区间。

由于老干妈的价格策略极具竞争力，其他品牌只能选择避让。比如李锦记340克风味豆豉酱定价在19元左右，小康牛肉酱

175 克定价在 8 元左右。竞争对手在这个价位，要么做不出性价比这么高的产品，要么无利可图。老干妈的价格策略非常成功，达到了有效抵御竞争的目的。

### 3. 规模壁垒

有些行业规模越大，越有优势，竞争地位越安全。这是因为有规模经济的存在，规模小的企业在成本结构上根本无法与规模大的企业相比。

京东商城自创立以来，多数年份是亏损的，2015 年更达到了创纪录的 95 亿元。但他们不以为意。在他们看来，“京东盈利一点都不难，砍一砍市场费用，减少点仓储物流的投入，马上就能盈利。可是那么做就等于输了未来”。

京东追求的是规模和快速增长。只有绝对的规模优势，才有经营上的安全可言。刘强东曾表示：“看起来比对手多几十亿元很安全了，但那没有意义。必须达到绝对值的安全，才能应对一切突发事件。”这个绝对值是 500 亿元，那时京东可以全部做到厂商直供。500 亿元意味着可以超越其他 B2C 获得融资，意味着产品安全，意味着没人封杀，意味着现金流安全，意味着人才和管理一切内部机制健全，还意味着京东注册用户过亿时，任何品类都可以尝试。

### 4. 技术壁垒

首先，技术上你要比竞争对手有优势。优势要领先多少呢？

彼得·泰尔说，要比替代品好10倍，才能有垄断优势。比如以前人们写的支票7至10天才能提现，使用PayPal可以立刻拿到现金。只是一丁点微不足道的改进，消费者是不会买账的。

另外，控制技术标准或在技术上锁定下游客户，也是建立竞争壁垒的好办法。这方面成功的商业案例也有很多。

**5. 资源壁垒**

有些资源对于价值创造非常关键。企业控制关键资源，对于排斥竞争也非常有效。

比如东胶集团，它的主导产品是阿胶，而驴皮是熬制阿胶的关键资源。为了掌控驴皮资源，东胶集团在全国甚至全球建了很多养驴基地。为了一张皮，不惜养一头驴。在控制关键资源上，东胶集团可谓下足了功夫。

作为中国著名企业家，王健林的壁垒意识也非常强。他深知创意和人才对于文化地产项目至关重要。为了搞好文化地产项目，万达在全世界范围内搜罗人才，2011年仅猎头费就花去1亿元。为了防止他人挖墙脚和模仿，他与国际大腕、世界顶级主题公园设计公司签订排他性合作协议。

**王健林说："比如武汉这儿做个'秀'挺好的，可跟这个地方邻近的政府如果都叫我去做一个，那不是跟自己竞争吗？但如果我不做，他们找到德贡和佛瑞克：万达不给你20亿元吗？我给你25亿元，叫你赚5亿元，你给我照样打造一个！如果完全这么弄，就做烂了。"** 他知道，把关键资源抓在自己手里，才能立于不败之地。

这里罗列了一些竞争壁垒，但它们不是彼此孤立、隔绝的。在有些壁垒之间，存在着相互强化、彼此支撑的关系。比如苹果公司，它的优势有很多方面，但也是有机统一的整体。它在硬件方面，比如超级触屏材料等，拥有很多专利技术。在软件方面，比如为特定材料而设计的触屏界面等方面，也拥有很多专利技术。这为它构筑了强有力的技术壁垒。它的生产规模很大，足以主导原料的价格，则构成它的规模壁垒。

成千上万的开发者为苹果产品编写软件，因为苹果拥有亿万用户，而这些用户之所以选择苹果的平台，是因为这里有好的应用程序。其内容生态系统带来很强的网络效应，这使得竞争对手难以企及。当然，它的品牌形象更是光彩夺目，令对手望尘莫及。这些壁垒相互镶嵌在一起，使得竞争对手更加难以超越。

总之，竞争壁垒及垄断的形成，是一种非常复杂的商业现象。它不完全取决于管理当局的努力，也受很多客观因素的影响。尽管有些壁垒随着企业的发展壮大可以自然而然地形成，但更多的则是需要管理当局有意识地加以构建。

# 第八章

# 经营如何从无到有

做企业的人往往不乏雄心和创意。一旦实施起来，就会发现很多想法根本落不了地。原因有很多，商业模式自身缺乏能量是一个。我们可以设想一下，假如商业模式具有动能和势能，就如同从高山顶上往下推石头，推动起来还会这么难吗？

## 一、打出套路来

面对同样的问题，不同的人会有不同的行事风格。有的人会想到招数，找高人支支招；有的人会想到套路，找专家出一套方案。

什么叫招数？什么叫套路？招数和套路都是武术用语。一招一式、一个动作，就叫招数；一连串动作、一系列做法，就叫套路，套路也叫方案。经验丰富的业界人士，经常给人支招；学养丰富的学界人士，经常给人出套路。

招数有什么特点呢？立竿见影，当场见效。如同程咬金的“三板斧”，甩出去就能把对方打趴下。缺点是别人容易拆解、容易模仿，且不可持续。套路有什么特点呢？逻辑严密，考虑周详，想象空间大。缺点是远水不解近渴。

真正的高手不是这样做事的。他会把招数寓于套路当中，或者说总能招招见效、同时打出套路来。一套套路打下来，对手难以防范，无从招架，自己则立于不败之地。

阿里巴巴开创了很多业务，都获得了成功。马云的经验是：**“有了一张战略图之后，一定要找到一个地方，是一刀捅进去就会流血的。闻到血腥味大家自然会冲上来，这张皮一定能被撕开。”**

首先，你得有战略蓝图。其次，你得找对切入点。一刀子捅进去，出血了，见效了，系统自动放大这个效果，你再推动什么都将变得非常容易。不然，你拿一个小锤子到处乱敲，三年捅不破一个点，所有人都会崩溃的。雷军也说：“互联网时代讲求单点切入，逐点放大。”

企业扬威立万、引领风骚都是靠系统。问题是如何打造一个系统？经营难靠三板斧，一招一式干不出系统来。发育系统还忌讳面面俱到。面面俱到意味着面面俱不到。下毛毛雨，撒芝麻盐，资源投入过于分散，发挥不出预期的效益，也是商业模式发育不起来的重要原因。企业所能做的只能是由点入手、点面结合，逐步发育系统。

**要从大处着眼，也要小处着手。既要争一时，也要争千秋。眼前要见利见效，同时也要有未来意义。眼前没有效益，企业活不下去；不为未来铺垫，格局难以形成。**只盯眼前，叫保守；只想将来，叫浪漫。过于保守或过于浪漫，企业都活不下去。企业需要的是理想的现实主义，或现实的理想主义。

## 二、干出章法来

就生理层面而言，人和人的差别不大。就物理层面而言，企业和企业的差别也不大。但人和人的差别，企业和企业的差别，为什么又那么大呢？这是时代大潮烘托的结果。

大诗人李白说，“好风凭借力，送我上青云”。另一个唐朝诗人罗隐说，“时来天地皆同力，运去英雄不自由”。投资人喜欢说，优势干不过趋势。**不是谁的能量特别大，更不是谁的能力特别强，一切都是时、势使然。所谓时势造英雄，这个道理至为简明。时、势本来就在那里，问题是怎样使自己成为英雄。**

### 1. 建立立足点

事情不怕好也不怕坏，就怕连锁反应。古人曾说：“差之毫厘，谬以千里”。做事情必须瞻前顾后，充分顾及可能产生的各种后果。

**横跨深谷的吊桥是从一根细线拴个小石头开始的。要拎起一长串的粽子，只要提溜一下绳子的头就可以了。正所谓“纲举而目张，执本而末从”。**

泱泱产业大潮跟我们有什么关系呢？必须找准切入点，建立立足点，和它建立联系。从哪里切入呢？如何立足呢？关键是要培养种子客户，抓住龙头客户。有了这批客户，才算有了可以燎原的星星之火。

中国共产党干革命，特别重视根据地建设。为什么要建立根据地呢？有了根据地，进可攻，退可守，回旋余地大，可以徐图发展。企业也是一样。开创任何事业，总得有一个立足点吧？

喜马拉雅电台是中国最大的在线音频分享平台。它是怎么做起来的？2013 年 3 月，喜马拉雅手机客户端上线。它先搞定了一批主播及其粉丝，这些人成了它的第一批种子用户。在种子用户的带动下，用户数呈现出滚雪球似的迅速增长。2013 年达到 1000 万，2014 年年底已经突破 1 亿，目前拥有近 4 亿用户。

蜜芽宝贝的创始人刘楠本来是一个全职妈妈，在照顾孩子的过程中，她积累了丰富的海外购物经验。她经常在一些网站论坛里发帖，分享自己的这些经验，成了年轻妈妈们的意见领袖。2011 年左右，中国进口母婴用品市场迅速增长。靠着在年轻妈妈中的影响，刘楠开始了自己的商业生涯，2012 年居然做到了 800 万元的销售额。在此基础上，蜜芽得到了风险投资的垂青。在资本力量的助推下，迅速成为著名的跨境母婴电商品牌。

有时候，仅抓种子客户和龙头客户还不行，要抓住他们的核心需求和刚性需求。因为自己的资源和能力很有限，可以做的事情比较少。现在市场上流行爆品的概念，也不是完全没有道理。因为它抓的是痛点，满足的是刚需。少就是多，小就是大，这才是做市场的辩证法。

老子说："合抱之木，生于毫末。九层之台，起于垒土；千里之行，始于足下；" **做任何事情都得有一个基础。做企业的基础，就是他的第一批顾客。最有价值的第一批顾客，就是所谓的种子客户和龙头客户。有了种子客户和龙头客户，商业大厦就铺下了第一块砖。有了良好的基础，后续的商业蓝图才有铺排的可能。**

**2. 抓住机会点**

什么叫机会？机会就是有利的时机。好事让谁碰上了，就是谁的机会好。**《孟子》有言："虽有智慧，不如乘势；虽有镃基，不如待时。"做事情要顺风顺水，就得有老天的护佑，得让好事在我们身上发生。不然，凭什么超越别人呢？**

风口是这几年非常流行的一个词，也是被迅速狠批的一个词。当年雷军提出这个词，是有其特定背景的。不了解它的背景，盲目吹捧这个词，胡乱批判这个词，都是不对的。

2003 年，作为金山软件的 CEO，雷军一度非常困惑：落别人那么远，到底哪里出了问题？"是我们的团队不够好，还是我们的技术不够好，还是我们自己不够努力？是不是我雷军有问题，是不是我能力不行，是不是我不够聪明，还是我不够勤奋？”

到了2007年，雷军终于顿悟了：“成功靠勤奋是远远不够的。最最重要的是找到一个大的市场，顺势而为。换句比较通俗的语言来表达，就是找一个最肥的市场，然后等待台风。就是我们讲的‘台风口’。”他所说的“台风口”，其实就是机会点。

到哪里找台风口呢？雷军认为，台风口有两大特点：一是客户需求激增，二是存在客户“痛点”。

2007年11月，苹果公司的iPhone手机正式上市。雷军觉得，一个新的时代到来了。但雷军也很快就看到了iPhone手机的客户痛点：“我自己当年用iPhone比较痛苦：第一，没有中文输入法。第二，它没有用中文发短信的功能。还有一个更痛苦的，是它没有转发（功能），所以我们也不能转发段子。”

2008年10月，台湾宏达电子（HTC）代工的G1手机发布。这是世界上第一款基于Android操作系统的智能手机。在使用G1手机的瞬间，雷军突然意识到，自己要找的台风口找到了。于是，他决定做智能手机。

我们整天说机会，到哪里找机会呢？机会离我们并不遥远，甚至可以说触手可及。社会的问题就是产业的机会，个人的问题就是企业的机会。一句话，问题在哪里，机会就在哪里。

2014年9月，阿里巴巴在美国上市成功。在回答克林顿的女儿切尔西的问题时，马云说：“为什么阿里巴巴在中国能取得成功？因为中国的贸易结构实在太烂了，于是，我们就有了机会。

为什么美国的电商却不怎么样？因为基础结构太好了。在美国，电商就是一道甜点，但在中国却是一道主菜。”他帮中国解决了一个问题，他自己也成了互联网巨头。

**如何才能发现机会呢？这也不难。只要换位思考就可以了。老话讲得好：要想知道，打个颠倒。找机会点，关键是要从别人和社会的立场出发，而不是从自己的立场出发。**有人总结得非常好，未被解决的问题、未被满足的需求、未被重视的尊严，就是企业的机会。

### 3. 聚焦关键点

中国有一个成语叫事半功倍。为什么有人做事能收到事半功倍的效果呢？因为他们不平均用力。那么，该把力量用到哪里呢？毫无疑问，该用到关键处。一夫当关，万夫莫开，据一点而制全局，就是关键点。

古希腊有一个神话般的英雄人物，叫阿奇里斯（Achilles）。他全身刀枪不入，但有一处例外，那就是脚后跟。因为在他小时候，他的母亲曾把他放入冥河水中沐浴，唯独脚后跟没有浸入水中。自此西方多了一个成语，就是“阿奇里斯之踵”。

“阿奇里斯之踵”，就是要害、关键的意思。其实，中国也有类似的说法，比如牛鼻子、蛇七寸等。**阿奇里斯虽然神勇无比，但只要朝着他的脚后跟射一箭，就会要他的命。牛虽然很有犟劲，但只要抓住了牛鼻子，它也会乖乖跟你走。蛇虽然很可怕，但只要照着它的头部以下大约七寸长的地方打过去，也会轻易要**

**它的命**。这都是抓关键点取得的效果。

我看到一则案例，自1998年进入大陆，大润发超市无一关店。这非常不容易，堪称业界传奇。它是如何做到这一点的?选址选得好。中国古语说，一步差三市。商店地址差一步，就有可能差三成的买卖。选址正确，商店就成功了一半。

当家人黄明端把选点当成企业的终身大事来做。为了确保选址正确，他几乎全年无休，整天在全国各地飞来飞去。看店一个小时，黄明端要看数十个指标，而且形成了一套标准。虽然他不是零售业科班出身，但“黄氏看店法”已经可以写入教科书。他在选址上下的功夫让人叹为观止。

黄明端说:“我看商圈，要看这个城市到底缺什么;我看人们的穿着，看他们穿衣服穿得怎么样;看他们家庭住址，家电的情况;看他们开汽车多，脚踏车多还是电动车多;看他们的习惯:有没有化妆，看他的鞋子，看他的衣着;我要看一下餐厅，当地餐厅怎么样，旅馆怎么样，旅馆的费用跟未来的客单价都有关系;再有，我看人们就业情况怎么样。这都有一套科学根据的，因为这都是硬指标，还有用电量，也是一个指标。”

**不同行业有不同行业的关键点。行业的不同发展阶段也有不同阶段的关键点。它不是一成不变的。聚焦关键点，不仅需要战略洞察力，而且需要战略定力。因此，这并不是一件容易的事情。**

## 三、做出格局来

归结起来说，企业有三种活法，生存下去要依赖两大法宝。**所谓的三种活法，一种是“做不同”，一种是“不同做”，还有一种是“做更狠”。所谓的两大法宝，一个是竞争壁垒，另一个是竞争优势。**

所谓“做不同”，即做与别人不同的事，做别人不能做或不愿做的事。王健林有一句口头禅：“所有人都去干的事情，我一定不去干。”

别人都玩硬件的时候，比尔·盖茨玩软件。别人都建网站的时候，雅虎玩门户（网站）。别人都玩门户网站的时候，谷歌玩搜索引擎。别人都玩搜索的时候，FACEBOOK 玩社交。这就是做不同。

所谓“不同做”，就是以不同的方式做与别人相同的事。同样是卖汉堡，快餐连锁，但麦当劳有一万多种软硬技术支撑，别人都学不了。同样是电商，别人都走第三方经营、第三方物流、轻资产之路，京东商城坚持走自主经营、自建物流、重资产之路。这都是做不同。

**做的是与别人同样的事情，并且采取与别人同样的做法，却渴望获得与别人不一样的结果，这怎么可能呢？能活下去就不错了**。这时候，企业只有一个选择，那就是比别人做得更凶猛、更到位。这就是所谓“做更狠”。

“做不同”与“不同做”的结果是成为唯一，“做更狠”的结果是成为第一。**唯一呢，大家都离不开你。第一呢，大家都记得你。之一呢，只是可有可无的一分子。既然可有可无了，那一切就听天由命吧**！因此，企业要么成为唯一，要么成为第一，真的没有其他更好的选择。

成为唯一，只此一家，别无分店，用所谓的学术术语表达，即所谓垄断。成为第一，大家趋之若鹜，翘首以盼，用所谓的学术术语表达，即所谓竞争优势。而垄断是靠竞争壁垒支撑的。因此，企业要么拥有竞争壁垒，要么具有竞争优势，真的没有其他的活法。这就是前述所谓的两大法宝。

高楼大厦是从一砖一瓦建起的，但仅靠砖瓦建不成高楼大厦。高楼大厦要依靠一种结构性的力量。大企业是从一招一式做起的，但仅靠一招一式成不了大企业。大企业要依靠一种系统性的力量。没有特定经营管理系统的支撑，企业就不会有优势和壁垒可言。

最近两年，一些大企业的疯狂购并动作给人留下了深刻的印象。大企业家貌似都在做一些毫不相干的事情。其实这也不难理解。他们都在干一件事情，那就是布局。布局决定格局，格局决定结局。所谓格局，也就是结构性的东西，也就是系统。

**社会是一个大系统，企业是一个小系统。商业模式构建的目的，是把企业这个小系统牢牢地镶嵌到社会这个大系统当中。只有这样，才能敏锐感知社会大潮的脉动，不断汲取天地间的能量，从而把自己发展起来。**

# 第九章

# 好模式是打磨出来的

这个世界上，不是没有奇迹。只不过奇迹总是在我们意想不到的地方，以我们意想不到的方式发生。问题的关键是，如何让奇迹发生在我们身上？

## 一、让奇迹在我们身上发生

小时候，经常听长辈念叨一句话：上学的比牛毛都稠，考上的比牛角都稀。这是几十年前的事。那时候，考大学非常困难。

我想，这句话用在创业者身上也是合适的。**每年有大量的企业创办，但能拿到风险投资的，能走上资本市场的，能引起媒体和大众关注的，终归是极少数！**

曾经看到这样一则统计数字：中国每年约有 100 万家企业倒闭，平均每分钟就有 2 家企业倒闭！其中 4000 多万中小企业，存活 5 年以上的不到 7%，10 年以上的不到 2%！换言之，中国超过 98% 的创业企业最终都会走向死亡。

作为一个高速发展的经济体，中国每天都有大量的企业诞生，也有许多企业消亡，企业诞生和消亡的数字每时每刻都在发生变化。统计数字具体是多少并不重要，但不管怎么说，成功特别是大的成功，都是小概率事件。因此，也可以套用一句话，创业的比牛毛都稠，成功的比牛角都稀。

但是，只要脚踏实地，循序渐进，一步一个脚印地走下来，说不定也能创造奇迹。事实上，很多奇迹也是这么诞生的。

当年，扎克伯格创办 Facebook 时，他还只是个有点沉默寡言的大二学生。Facebook 第一行源代码，是他在一个名为柯克兰的大学生宿舍楼里用自己的电脑写下的。他创办这个网站的最初目的，是为了让同学投票评选出谁是哈佛大学的“校花”和“校草”。十几年下来，Facebook 已经成为全世界最大的社交网站，用户超过 15 亿人，市值超过 5000 亿美元。

2004 年 2 月 4 日，Facebook 上线。很快，这个网站获得了哈佛大学在校生的青睐。在哈佛大学这个狭小的市场占据了绝对的优势以后，Facebook 开始向波士顿周边大学以及其他常春藤大学扩展，然后才是高中和公司。直到 2006 年 9 月 11 日，才开始对所有用户开放。一步一步走下来，当年的小不点儿竟发展成了一家企业帝国！

彼得·蒂尔曾这样回顾 PayPal 的创业历程：在 PayPal 创立之初，用户只有 24 个人。这些用户都是什么人呢？全是 PayPal 公司的员工。

他们认为，打广告吸引顾客，成本太高。于是，PayPal 通过直接付钱给注册用户，再让利给用户，使其邀请伙伴注册。这项策略使得 PayPal 公司的获客成本降至每个 20 美元，而且可以保证每天有 7% 的增长幅度。这就意味着每 10 天用户就可以翻一番。这样下来，4 ~ 5 个月后，他们就拥有了成千上万的用户。

后来，他们为自己找到了一个超级用户——eBay 公司，从此走上了发展的快车道。2002 年 10 月，eBay 以 15 亿美元收购 PayPal。到今天，PayPal 市值已超过 800 亿美金。从零起步，不长时间就成长为“独角兽”企业，似乎奇迹总在不经意间发生。

**这个世界上，不是没有奇迹。只不过，奇迹总是在我们想象不到的地方，以我们想象不到的方式发生。**如何让奇迹在我们身上发生？如何找到一条通往未来的路？如何选择最有效的经营策略？如何打造属于自己的商业模式？这是所有不甘于平庸的经营者都必然要思考的问题。

## 二、模仿是创新的必要步骤

如何迅速建立一套有效的商业模式呢?

**最简单的办法就是有样学样，比着葫芦画瓢。这样做最大的好处就是，可以把自己的成长建立在别人经验基础之上，节省大量摸索的时间，也让自己有一个比较高的起点。**

我曾经留意过，差不多所有卓越的公司都有这样一个特点：**在模仿中实现创新，在抄袭中实现超越。**腾讯总裁马化腾曾说："我要把所有互联网商业模式都纳入腾讯。"成功者都有海纳百川的特点。

美国阿波罗登月计划总指挥韦伯说：**"阿波罗计划中没有一项新的发明，技术都是现成的，关键在于综合。"**那么浩大的登月工程，没有一项新发明。但人家把现有的技术组合在一起，却干成了一件前所未有的大事情。

小米的学习对象非常多元，用雷军的话说：**“向同仁堂学习，强调真材实料做好产品；向海底捞学习，和用户做朋友、和用户互动；向沃尔玛学习，高效率地运作，控制好自己的成本，缩短中间环节，这样使你的价格以接近成本价直销。”**

酒仙网是中国近几年崛起的酒类电商公司。酒仙网的商业模式由四个部分组成：第一块业务是网上超市，第二块业务是关于品牌的运营，第三块业务是酒快到，第四块生意是酒仙网打造的互联网上的酒类品牌。创始人郝鸿峰指出，“分开而论，没有哪一个业务单元是酒仙网独创的。天下文章一大抄，商业模式也是”。反过来说，把这几块业务组合到一起，本身也是一个巨大的创新。

国内的大公司，我们耳熟能详的例子还有：海尔的技术来自德国，万科的榜样是美国的帕尔迪公司，盛大的游戏是跟韩国人学的，等等。

国外的大公司也都是这样。

日本公司最擅长的事情，就是所谓的“改善”。半导体技术是美国人发明的，但被日本人发扬光大。日本没有发明电视，但是把电视变薄了。它也没有发明汽车，但是把汽车变小了。日本人文化里好像本来就有这种基因，连文字也是从中国借用过去的。

比如韩国三星公司。它所采取的就是复制加模仿的战略。三星从头到尾都不研发产品，而是用钱去买技术。买来以后，再做进一步的改良和创新。**李健熙说："如果付 1 亿韩元就能够以一周的时间获得技术，硬要投入 10 亿韩元，还必须三五年的开发，(实在) 是一种浪费。付 5% 的技术费没有关系，只要能够缔造 10% 的利益、利润就行了。"**

比如美国苹果公司。作为当今商业上最成功的公司，它的产品和技术也都不是原创的。《商业模式全史》的作者三谷宏治指出，**"平板电脑的鼻祖应该是 1991 年推出的 PenPiont（GO），最早的智能手机应该是 1996 年诺基亚开发的 Nokia 9000 Conmmnicator，而 1999 年蓝莓 R-M 也曾引发过一次智能手机的狂潮。至于数码音乐播放器，以索尼为首的生产商经过了一番混战之后，苹果才姗姗来迟。iTunes 也是如此，早在数年前各大公司就开始用互联网发布音乐**。因此，从公司战略上来讲，乔布斯并非在创新，而是旧物升级、二次发明"。

杜甫有一句诗："别裁伪体亲风雅，转益多师是汝师！"什么意思呢？只有不拘一格地学习各家的长处，才算真正找到了自己的老师。更进一步，为什么要跟这么多老师学习？为了吸取更多的营养。**相声大师侯宝林说得好："只以为养，不以为样。"学习别人，不是为了完全照着别人的样子去做，而是为了丰富、发展、完善自己。**

## 三、尝试要大胆但不能盲目

当然，真正走出一条自己的路子，打造自己的商业模式，仅靠学习、模仿是不够的。有时，还得另辟蹊径，开拓创新。

创新，首先意味着要走新路。要走新路，首先要穷尽各种可能性，知道新路在哪里。用胡适先生的话说，叫“大胆假设”。

但是，所有创新也都是有风险和代价的。因为有风险和代价，所以要特别小心。用胡适先生的话说，叫“小心求证”。

**“大胆假设”和“小心求证”加到一起，就是所谓的尝试、试验。尝试和试验有什么好处呢？既能享受创新的好处，又能控制创新的风险，减少创新的代价。**

在腾讯公司，马化腾曾就业务发展提出三个有名的问题：这个新的领域你是不是擅长？如果你不做，用户会损失什么？如果做了，在这个新的项目中自己能保持多大的竞争优势？他的高管团队则把这三个问题解读为：大胆假设，小心求证，做最有把握的事。

**1941 年，毛泽东在研读苏联哲学家西洛可夫、爱森堡等合著的《辩证法唯物论教程》一书时，曾写下这样一句批注："在认识过程，战术决定战略；在实践过程，战略决定战术。"**

小马要过河了，有的说水很深，有的说水很浅。怎么办？可以试一试。为什么要试一试呢？不试一试，就不知道水的深浅。不知道深浅，怎么知道路子该怎么走呢？试一试，就是战术性的尝试；走过去，就是战略性的重大决策。

我们可以回顾一下可口可乐公司的历史。20 世纪 80 年代早期，它集中进行了一系列经营方面的重大尝试。这些尝试包括分散经营、哥伦比亚电影公司、新可口可乐、收购装瓶商、国外扩张等等。我们都知道，这些尝试多数都失败了，有些失败得甚至有点荒唐。但不能因此就说它没有意义。不试一试，谁知道能不能成呢？

不经战术性的试探，怎能获得战略性的认知？世人只知道"战略决定战术"，不知道"战术决定战略"，其实是非常片面的。

有人把中国改革的经验总结为"两试法"。**所谓"两试法"，就是试点法和试错法。因为有了试点，所以敢于试错，试错也不会带来问题，因为地方小。**政治学者吴稼祥先生说，"两试法"是中国经济改革成功的最主要法宝。这话还是非常深刻的。

当然，尝试和试验一定要有方向，要符合公司的使命和愿景。

用阿里巴巴曾鸣教授的话说，要进行“有纪律性、目的性的试错”。**要通过试错对未来的设想进行不断的验证和调整，直到找到“未来在今天的‘映射点’”。只有从这个点切入，才最有可能实现未来的理想。**

试点、试验可以帮助企业辨明方向，把握重点，形成方法。试点、试验成功以后，决不能就此止步，必须乘胜追击。要把方法和模式固定下来，迅速在体系内推广。要借助扩张因子，建立正向循环，迅速扩大经营成果。方向明确、方法灵活、行动果决，三者缺一不可。

沃尔玛公司是世界上经营规模最大的公司。**沃尔玛的做法是：“尝试许多实验，抓住机会，保留作用良好（又符合核心理念）的部分，修正或放弃作用不好的部分。”**

**恰如沃尔玛一位高级主管所说：“我们的座右铭是行动、改正、尝试，如果你尝试的某些事情有用，就保留下来，没有用的就改正，或是尝试别的事情。”**

## 四、 要为奇迹发生预留空间

创新具有重要价值，试验和尝试具有重要意义。这是普遍的认识。但是，创新不能解决所有的问题，试探也不足以探明所有的道路。

有一种困难是所有企业永远无法克服的：经常面临很多选择，不知道哪一条是正确的路，也没有人能告诉他哪一条是正确的道路。更要命的是，不可能所有的路都走一遍。

许多人，不只是管理者，骨子里有一种倾向：试图找到一个最佳方案或最优路径，并且一劳永逸地解决问题。事实上，所谓的最佳方案或最优路径，是根本不存在的。执着于追求最优解，试图一劳永逸地解决问题，要么就是偏执，要么就是懒惰。那样做，会把公司置于一个非常危险的境地。

从哲学的角度看，事物总是发展的，事情总是变化的。一件事情的结果，可能是另一件事情的原因，从而会导致另一项结果。这件事情的结果不重要，但由于连锁反应，它所导致的后续的结果可能很重要。因此，要把一件事情的价值和影响，放在一个足够长的时间里去评价。

事实上，人的认知能力是有边界的。有些事情，特别是大时间尺度的事情，往往超出人的认知能力的边界。因此，谁也不能保证当下的选择一定是最优的选择，目前的方案一定是最佳的方案。除非是自大狂，谁都得老老实实承认，最好的答案、最佳的路径很可能在我们看不到的地方。

**因此，对看不透的事情，要抱着敬畏之心。要保持开阔的视野，不能闭门造车。要保留足够的余地，不能孤注一掷。并且，不仅要保留足够多的选项，而且要坚持足够长的时间。只有这样，才可能给奇迹的发生保留一席之地。**

有人评价三星是一个缺乏战略导向的公司。因为它总在多头下注，没有明确的目标和方向。它几乎用过所有智能机的操作系统，自己也开发过操作系统；它既用第三方的芯片，自己也开发同类芯片。多头下注，哪条路走得通、走得顺畅，就走哪条路。那么，成本如何降低，利润如何获取呢？三星通过尽量优质的工艺、产品质量以及巨量的营销投入，支撑起产品高昂的售价。

1959 年 7 月，在庐山会议召开期间，毛泽东在同秘书李锐等人谈话时，说过这样一句话：**“世上没有先知先觉，没有什么前**

**知五百年、后知五百年的刘伯温。无非是多谋善断，留有余地。”**老百姓讲，“你不知道哪块云彩会下雨”，所以也就“不能一棵树上吊死”。

还有一件可能葬送公司未来的事情，那就是过于专注。

“专注、极致、口碑、快”是雷军总结的互联网创业“七字诀”。他的这个说法得到很多人的认可。在这个“七字诀”里，专注是排在第一位的。

**专注的好处是显而易见的。专注固然意味着聚焦，有利于增强自己的力量。但过于专注，会限制人的视野和格局，从而让人错失一些机会。并且谁也不能排除，这些机会就是未来发展的重要契机。**

当然，也不能太分散。过于分散，会削弱做事和攻坚的力度，影响企业当下的发展，搞不好也会导致重大挫折，造成重大损失。

成功的道路有一个共同的特点，既能眼前见利见效，保证我们能生存下去，又能创造无限的可能性，为下一步的发展奠定良好基础。

## 五、好模式都是打磨出来的

在星巴克创始人霍华德·舒尔茨的自传《将心注入》里，有这样一句话："如果你根据空气动力学来研究蝴蝶，它不可能会飞起来。这是因为蝴蝶不懂这个道理，所以它飞起来了。"

**蝴蝶为什么会飞呢？是因为它懂空气动力学吗？肯定不是！那是因为什么呢？首先，是因为它有这个潜能。其次，是它不断努力，不断尝试，不断练习的结果。蝴蝶会飞，跟道理和逻辑无关，跟本能有关，跟锲而不舍的努力有关。**

有些路子，别人走出来了，我们觉得简单；有些模式，别人做出来了，我们觉得容易。事实上，完全不是这回事儿。不是这些模式理解起来有多困难，而是他们求索的过程、摸索的过程非常困难。现在我们到美洲去一趟很容易，但当初哥伦布发现新大陆，又克服了多少困难？

老百姓讲，“事后诸葛亮，事前猪一样”。很多事情，事后看起来很简单，但当时做起来并不容易。因为很多事情千头万绪、千丝万缕、千变万化，选项太多。作为当事人，身处其中，能做出一个正确选择并不容易。

**很多事情，事后看是一条路，当时看可能就是一个坑。也有些事情，事后看明明是一个坑，当时看可能就是一条路。也有可能本来是一条路，但你走不出来，就真的成了一个坑。还有可能本来是一个坑，但你走出来了，就真的成了一条路。**

当年，阿里巴巴公司的模式无人看好，但它走出来了，于是就成了一条路，成了许多人学习的榜样。京东商城走的是与阿里巴巴截然不同的另一条路。在当时，很多人也说是坑。但今天它也走出来了，于是也成了一条路，成了许多人学习的榜样。

我们多数人都是凡夫俗子，未来在我们面前一片漆黑。哪有什么铁口直断的活神仙？哪有什么前知五百年、后知五百年的刘伯温？没有谁事前就知道哪条道路能走通，哪个模式能成功。所以，摸索道路的过程、打造模式的过程，既艰难又复杂。

有人说，在火箭奔月的过程中，97%的时间在调整方向和轨道，只有3%的时间在既定的轨道上飞行。企业也是这样。**好模式都是不断调整、不断修正的结果，都是不断尝试、不断总结的结果。在修正中前进，在总结中提高，大概也是卓越企业经营管理的常态吧！**

做企业如同盖房子。盖什么样的房子，需要你备什么样的料。反过来说，你有哪些料，也决定着你能盖出什么样的房子。**巧妇难为无米之炊，不可能离开资源和机会去谈论经营策略和商业模式。离开资源谈商业模式，商业模式就是空中楼阁；离开机会谈商业模式，商业模式就是海市蜃楼。**因此，采用什么样的商业模式，需要你拥有什么样的机会和资源。反过来说，你拥有什么样的机会和资源，也决定着你采用什么样的商业模式。

模式的形成和大河的形成有点类似。先是有一条能淌水的小河沟。因为能淌水，河流会把河床冲刷得越来越宽。河床越宽阔，能通过的水流也越大。水流量越大，河床也会越宽阔。流水与河床反复相互作用，一条大河就形成了。好的模式会给企业带来更多的资源，创造更多的机会。资源和机会的增多，也会使现有的模式变得更加成熟、强大和有力。

当然，无论采用何种商业模式，都需要时间和坚持。

**只有不断坚持，才会有积累，资源和机会才会越积越多。当资源和机会累积到一定程度，就会形成特定的经营结构。当结构优化到一定程度，就会形成特定的商业模式。成熟的商业模式会帮助企业抓住一些发展机遇。抓住了发展机遇，也会进一步积累资源和能量。这个过程就如同滚雪球一样，越滚越大，越滚越快。不经意间，奇迹就出现了，一个强大的企业就出现了。**

**一粒种子，可以长成参天大树。所以，成长的力量是可怕的！一个单细胞动物，可以进化成万物之灵长。所以，进化的力量是可怕的！一家车库里创办的企业，可以演化成一个企业帝国。所以，**

**演化的力量是可怕的。奇迹是怎么来的?奇迹就是这么来的。**

**附记:通往奇迹的道路**

本文虽短,但涉及的话题很多,也很重要。本文至少涉及这些话题:模仿与创新,创新与风险,专注与多元,量变与质变。

在这些问题上,很多人喜欢走极端。为什么会这样呢?这和人性有关。人都喜欢听极端的话,说极端的话,做极端的事。

《荀子·天论》中说:“万物为道一偏,一物为万物一偏,愚者为一物一偏,而自以为知道,无知也。”片面性,好走极端,是人性最本质的特点。

我不赞同机会主义。那是没头的苍蝇,瞎撞。我也不赞同计划主义。你不是天之骄子,老天哪能轻易遂你所愿?我主张有计划的机会主义。

我不相信理性的力量。放之四海而皆准的办法有吗?没有!我也不相信经验的力量。昨天的办法用在今天,不一定还行得通!我相信经验基础上的理性的力量。要把经验梳理、梳理,升华、升华,才会更可靠。

对于经营管理,我不喜欢用设计、计划、规划这样的词。因为它们并没有反映商业的现实。我喜欢用发育、演化、打磨这样的词。一句话,好模式都是打磨出来的。

## 第十章

# 经营最忌跟风

这个世界有三难：一是独立思考难，二是走自己的路难，三是走出一条路更难。

## 一、赚钱的永远是少数

古今中外，各行各业，赚钱的永远是少数！这不是一个秘密，而是稍加思考就可以知道的事实。

比如美国西部淘金时代，多数淘金者没挣到钱，反倒是那些卖水的、卖铁锹的、卖牛仔裤的挣到不少钱。

互联网泡沫时期，互联网公司都不挣钱，反倒是为互联网站提供支持的企业，例如网页设计、网站安全、广告公司等，挣到了一些钱。因为互联网公司烧的钱都流到这些企业里去了。

这个事实用古代的说法叫“谷贱伤农”。所谓“谷贱伤农”，意思是说如果一家一户获得丰收，他家的收入会增加。

如果风调雨顺，普遍增收，粮价就会暴跌，形成谷贱伤农的悲剧。

从经营的角度分析，其中的道理不难理解。**很多人挤进一个行业，会产生两方面的后果：一方面，会抬高上游原材料成本。另一方面，会压低下游产成品价格。这两个方面都会对利润造成挤压。**因此，盲目杀入一个行业，潜藏着巨大的风险。

经济学家萨缪尔森有一个著名的“踮脚尖理论”：“**在游行队伍里，如果一个人踮起脚尖会比他人看得远，但是如果每个人都踮起脚尖，就谁也看不远了。”**他的意思是说，对个人合理的事情，对集体不一定合理。他的建议是，当别人踮起脚尖的时候，你可以歇一歇。当别人歇一歇的时候，你可以踮起脚尖来。总之，你要做与别人不一样的事情，才能获得超额的收益。

《圣经·马太福音》中说：**“你们要进窄门。因为引到灭亡，那门是宽的，路是大的，进去的人也多；引导永生，那门是窄的，路是小的，找着的人也是少的。**(Enter through the narrow gate; for the gate is wide and the road is easy that leads to destruction, and there are many who take it. For the gate is narrow and the road is hard that leads to life, and there are few who find it.)”

**做任何事情，最可怕的是跟风。“一窝蜂”而上，好事非得变成坏事不可！时下，风口一词在中国非常流行，人人试图追逐风口。很多人不知道，当大家都认为某个事是风口时，其实它就已经成火山口了，会让人死无葬身之地。**

《道德经》中说："天下皆知美之为美，斯恶已；皆知善之为善，斯不善已。"同样的道理，当天下人都知道干某事可以发财时，一定是发不到财的。雨露均沾，好事人人有份，只是一个美好的设想。赚大钱的机会永远属于极少数。

## 二、 人多的地方不可去

**每个人都在追求成功。其实，成功的道路很简单，那就是只做唯一，坚持做最好的自己。与别人竞争，即使做到第一，也不是最好的选择，更不要说第二、第三了。**

1981 年 9 月，孙正义以 1000 万日元创立了“日本软银公司”。通过对趋势的分析，孙正义把软银公司的业务限定在了“提供基础设施”上，“我要在数字化信息产业中提供世界第一的基础设施”。后来的事实大家都知道了，日本软银公司获得极大成功。

孙正义的逻辑是：“**在汽车社会、汽车产业中，人们往往最关心的是开发汽车本身的厂家之间的竞争。但是，不管哪一家火爆也好，哪一家不景气也罢，高速公路的收费处，只要有车通**

**过，就得交钱。软银公司就是为数字化信息产业提供这种基础设施的公司。”** 简言之，别人都当“淘金者”，他要当“卖铲子”的人。

关于制定企业战略，美国通用电气前董事长杰克·韦尔奇的经验是：**“当你思考战略的时候，要考虑反大众化的方向。要尽量创造与众不同的产品和服务，让顾客离不开你。把精力放在创新、技术、内部流程、附加服务等任何能使你与众不同的因素上面。如果走这条道路，你即使犯一些错误，也依然可能成功。”**（When you think strategy, think about decommoditizing. Try desperately to make products and services distinctive and customers stick to you like glue. Think about innovation, technology, internal processes, service add-ons—whatever works to be unique. Doing that right means you can even make a few mistakes and still succeed.）

美国著名投资家吉姆·罗杰斯曾这样告诫中国的投资者：**“保持投资决策与大多数人相悖。”** 他说：“每当中央银行在维护某种东西的低价位时，聪明的投资者就会反其道而行之。不管赌什么，永远跟中央银行相反。必须独立思考，必须抛开羊群心理。”

胡立阳先生是非常成功的华人投资家，人称“亚洲股市教父”。**他曾经提出一个有趣的观点：“只有不正常的人才能赚大钱！”他这样告诫他的听众：要么让自己变得“不正常”，要么就不要碰股市。**

他的理论是，股市上赚大钱的永远是极少数，大部分人都是正常人，是赚不到什么钱的。只有判断与众不同的人，才有可能挣到大钱。看法异于常人，当然就是他所说的“不正常的人”了！

隋文帝是中国历史上少有的一夫一妻的皇帝。为什么只有一个妻子？因为他怕老婆。怕老婆总不是好事，有个叫杨素的大臣替他想了个办法。

一日上朝，议完正事之后，文帝开口：“我听说天下男人惧内的甚多，今天我试试众臣如何?”众臣自然说好。怎么试呢?杨素开腔：“怕老婆者站左边，不怕者站右边。”一时间，满朝文武忙不迭地齐向左去，乱哄哄地挤成一团。却有一老臣蹒蹒踱向右边，口中还讷讷地小声嘟哝。

大臣们一看，不禁失笑，那老头怕老婆是出名的呀，莫非昏了头走错了方向？正当大家疑惑不解时，**只听那老臣说道：“每次出门，老婆总关照，‘人多的地方不可去’！”他伸手一指左边：“如此人多，微臣如何去得?”**

这当然是一个笑话。不过，还真得拿这句话提醒中国的企业家：老板！人多的地方不可去！

**追随大众，你就成了大众的一分子。与其做无名无分的之一，何如做璀璨夺目的自己？**

## 三、成事为什么那么难

其实，这个道理中国的企业家未必不明白，关键是难以做到！为什么难以做到？这和人性有关！

**人有一种需求，在一般情况下，觉察不到它的存在，这就是安全感。每个人都需要它，并且不知不觉中就会浮现出来。人的这种需求不但存在，甚至和对食物与性的需求一样强烈。**

这种感觉如何才能获得？要获得群体的接纳、认可才能获得。如何才能获得群体的接纳、认可？说话、做事、想问题要和别人一样。

反之，说不合时宜的话，做与众不同的事情，就会被视为异类，就有被排斥、被孤立甚至被攻击的危险，就会加剧自己的不安全感。

美国硅谷投资家本·霍洛维茨（Ben Horowitz）说，希望被人喜欢，是人类的本能。“在野人时期，如果别人不喜欢你，他们就能把你吃掉。”要让别人喜欢，最简单方法就是：说别人想听的话。

**人是社会性动物，从众是人类天然的特点。独立思考、独立决策、独立行动，并且长期坚持，是违背人性的。改变人性的这一特点，就如同生活在地球上的人要克服万有引力一样，是要时时面对又非常困难的事情。经济学家熊彼特说得好，“不从众，是悖逆人性的超能力”**。

投资家郭广昌这样描述自己的心理感受：“投资永远是在恐惧和贪婪中寻找平衡感。”在他看来，投资如同赌博。要获得高收益，就要做与众不同的决策，但这会加剧人的不安全感，从而使人变得焦灼和不安。

如何化解这种焦灼和不安？他的解决办法是依赖智慧。他说：“所有这些都需要智慧，在灵光乍现的时候，尽量再看清楚一点、往前再走一点。”

**这个世界有三难：一是独立思考难，二是走自己的路难，三是走出一条路更难**。独立思考并坚持按自己的理解去做事，真的很不容易。这不仅需要智慧，有时更需要勇气。

日本有一家书店叫森冈书店，创始人是森冈督行。一般的书店，书籍品类众多，读者有很大选择余地。而他坚持每周只卖一本书，却非常赚钱。他是怎么做的？他们每周精心挑选出一本好书在店内售卖，再根据这本书构建一个相关主题，策划一系列与这本书有关的展览、活动、对话。

现在，书店里可供选择的图书有很多，对普通读者造成了困扰。如能帮他们解决这个问题，肯定是一个商业机会。与其品类繁多，无从选择，何如只卖一本？森冈的这个想法，别人肯定不是没想过。问题是，他不但这样想了、做了，而且坚持了下来。

成功的道路很漫长，孤独、不安甚至恐惧常伴左右，非常人不能坚持到底。所以，只有少数人才可以取得成功，也就是不难理解的事情了。

# 第十一章

# 模仿没有出路

我们的日子为什么这么难呢？其实，这怨不得别人，关键在于我们不上道。鱼有鱼道，虾有虾道，啥时候走出一条自己的道，这个问题就解决了。

## 一、日子为什么这么难呢

目前，中国企业普遍日子不好过。原因有很多，若说终极原因，一定可以追溯到企业自身。

**为什么日子不好过？因为挣不到钱。为什么挣不到钱？因为没订单。为什么没订单？因为产品没有竞争力。为什么产品没有竞争力？因为经营策略和商业模式趋同，大家提供的产品和服务都一样。一句话，模仿有余，创新不足。**

有个商人带着两袋大蒜到了阿拉伯。当地人没见过大蒜，觉得味道真是好。于是，赠送他两袋金子。另一位商人听说这事，动心了：大葱不是也很好吗，带两袋大葱过去如何？于是，他也动身来到了阿拉伯。

当地人同样没有见过大葱，觉得它的味道比大蒜还要好。总不能再送金子吧？一定要送比金子更珍贵的东西。什么更珍贵呢？在他们看来，那就只有大蒜了。结果，赠送了两袋大蒜给他！

古往今来，盲目模仿别人，都没有好结果。古语云，东施效颦，益增其丑。又言，邯郸学步，学得不会走路。事情的背后，都有一个隐形的结构，这是一个具有决定意义的东西。这个东西一般人很难搞懂，所以模仿的效果总是不理想。

很多年前，产品供不应求时，企业居于主导地位，那时企业的日子好过。当产品供过于求，消费者拥有很多选择时，顾客就居于主动地位。时移世易，攻守之势易矣。企业挣钱，再也不会那么容易了。

**当所有的竞争者都采用同样的经营策略和商业模式，提供相同或类似的产品和服务时，客户就只能根据价格决定取舍了。拼价格，杀敌一千，自损八百，没有真正的赢家。这一切怨得了别人吗？**

## 二、鱼有鱼道，虾有虾道

**老祖宗有句话，万物并育而不相害。大象有大象的活法，蚂蚁有蚂蚁的活法。大象身躯庞大，与大象比个头，蚂蚁微不足道。大象活，蚂蚁就没法活了吗？绝不是的！**

大自然有好生之德，每一物种它都给一片天地。是飞鸟，就送它一片天。是游鱼，就送它一洼水。是老虎，就送它一座山。是猴子，就送它一棵树。各得其所，互不妨碍。

即便是生活在同一片天地，也会对其生存方式做出区隔。比如鱼，即使生活在同一片水，深浅也会有所不同。有的生活在水底，比如鲫鱼、鲤鱼。有的生活在水面，比如鲢鱼、鳙鱼。再比如兽，即使生活在同一片地，觅食的时间也会不一样。狮子白天显威，老虎傍晚横行，狼群深夜出没。用老百姓的话说，鱼有鱼道，虾有虾道。鱼和虾各有各的活法。

**每种动物都有属于自己的生存空间和生存方式。用生物学术语表达，就叫生态位（Ecological Niche）。生物学上的竞争排斥原理告诉我们，每一个物种都占据一定的生态位。两个不同的物种，则不能占据相同的生态位。**

假如不同物种因亲缘相近或相似，而出现生态位重叠，彼此就会展开竞争。它们利用空间的能力不同，汲取资源的效率不同。竞争的结果，效率高的将得以生存，其余物种将会被淘汰。

大自然对万物的规定是，和而不同。什么意思？既不一模一样，又能和谐相处。这是大自然的道理。到了人，就例外了吗？没有！

**世上没有完全相同的两片树叶，也没有完全相同的两个人。人生而不同，怎么可能活法一样呢？教的曲唱不得，别人的路走不得。走别人的路，最容易迷路，因为我们没有方向感。**

大诗人李白讲，天生我材必有用。每个人都是一块材料，每个人都可以活得很精彩。毋庸置疑，别人可以活得很好，我们至少可以活下去。老天爷并没有偏袒谁，我们怎么可能活不下去呢？

## 三、走自己的道才是王道

这样的道理，到了商业世界就变成例外了吗？也没有！

**管理大师彼得·德鲁克说："各种组织里，九成左右的问题是共通的，不同的只有一成。"但对于这些共通的问题，并没有一个唯一正确的答案。每个企业都要基于自己的领悟和理解，来回答和处理这些问题，而不能盲目模仿别人。**

对于房地产开发商来说，都面临一个基本的问题：房子卖完了怎么办？如何获得稳定的现金流？

2004 年，房地产公司万科对这个问题做了思考。他们的选择是，成为一家出售房地产开发能力与品牌的公司，而不仅仅是一家盖房子的公司。万科走出了一条属于自己的路子。

万达则选择了另一条路——商业地产。它不但做开发，还做招商、运营。这远比住宅地产复杂。直到 2006 年，经过 5 年试错，万达才找到城市综合体这种符合中国国情的模式。由于招租难，万达干脆自己做内容，例如院线、百货等。这都为万达后来的产业布局埋下了伏笔。万达也走出了一条属于自己的路子。

彼得·泰尔是美国硅谷著名投资家。他说："我经常问面试者这样一个问题，有哪些你知道，但很少有人认同的真理?"他问的这个问题很奇怪，也很难回答，但绝对足以考验一个人是否具有创造性。

**彼得·泰尔说："人类行为的本质动机从来都是独一无二和互有差异的。"他还说："没有任何一条路是适合所有人的。"他认为，很多伟大的企业就是去践行了一个几乎没有人赞同的观点，进入了一个没有人进入的领域，从而闯出了属于自己的一片天地。**

每个人、每个企业都有必要问一下自己：鱼有鱼道，虾有虾道，啥时候走出一条自己的道?

## 第十二章

# 找对自己的位置很重要

成功之道并不复杂，就是“穿上红衬衫，然后拼命干活儿”。这句话有两层含义：第一，要“穿上红衬衫”。什么意思呢？就是要把自己与别人区隔开来。第二，要“拼命干活儿”。这又是什么意思呢？就是要为别人创造价值，同时获得别人的认可。

## 一、定位不只是品牌形象定位

在营销领域，定位一直是一个热门话题。定位是什么意思呢？还是让我们从源头说起吧！

在英语里，定位（positioning）是一个动名词，本义是找到位置、确定位置的意思。“定位”一词，最初运用在军事领域。

**英国的巴顿将军有一句名言：“什么是战略？战略就是派你手下的一个家伙，要他去夺取某个地方，如果他做不到，就把他撤掉。”在战争中，选择有利的决战地点非常重要。选择有利的决战地点，就是定位的意思。**

第一次把“定位”引入商业领域的，是美国人艾·里斯和杰克·特劳特。1969 年，杰克·特劳特发表《定位：同质化时代的竞争之道》一文，第一次提出商业定位概念。当然，把定位理论发展成一门显学的，也是艾·里斯和杰克·特劳特。不过，他们所说的定位，主要是品牌定位。

从大的方面来说，定位至少包括两重含义：

第一，自己对自己的定位。也就是说，要明白自己的角色、位置。我们经常说，要搞清楚自己是谁，也是这个意思。如何定位自己，是一个重要的战略命题。

第二，自己在别人心目中的位置。自己如何定位自己是一个问题，而别人如何看待自己是另一个问题。让别人认识自己，在别人的头脑中占有一席之地，也是一门大学问。自己在别人心目中是一个什么形象，居于什么位置，是传播的结果，是一种心理学现象。

定位涉及的领域非常广泛。不仅品牌要有定位，产品要有定位，企业也要有定位。企业定位就是企业的使命。不仅经营要有定位，战场要有定位，甚至个人也要有定位。

有首歌唱得好，“不看你的眼，不看你的眉。看了心里都是你，忘了我是谁”。大千世界，芸芸众生，最重要的事，是找到自己的位置；最悲哀的事，是不知道自己是谁，或者迷失了自己。

## 二、 找到自己的位置有多重要

《大学》中讲：“知止而后有定，定而后能静，静而后能安，安而后能虑，虑而后能得。”在古圣先贤看来，修身的第一要务，就是知止。

那么，如何才能做到知止呢？关键是搞清自己是谁。一个人的角色，决定他的行为；一个企业的定位，决定他的策略。只有知道自己是谁，才知道自己该做什么，不该做什么。换言之，要搞清楚自己的定位。

营销大师菲利普·科特勒说得好：“解决定位问题，能帮助企业解决营销组合问题；营销组合（产品、价格、渠道、促销）从本质上来讲，是定位战略战术运用的结果。”

**正确定位，就是正名。名不正，则言不顺。言不顺，则事不成。事成了，才有功和名。事情没干成，谈什么功和名？经营没搞好，哪有品牌和利润？因此，成名、出名，都从正名开始。**

黄酒尽管也叫酒，但一直被当成是一种调味品。因为是调味品，通常把它与酱油、醋一起摆放。它是不是可以当酒喝呢？当然可以。到底把它当成一种酒，还是一种调味品呢？完全取决于不同人的定位。如果把它当成调味品，用量会非常有限，并且价格也上不去。恐怕这也是黄酒行业普遍效益不太好的原因之一。古越龙山反其道而行之，对黄酒重新定位、重新包装，取得了不俗的经营业绩。

指甲钳是一种日常生活用品。作为一种小商品，该如何定位它呢？在国内，一般把它与菜刀、钥匙扣等视为同类，归入日用小五金。梁伯强在欧洲调查时发现，那里的指甲钳是在药店或个人护理用品店出售的，被视为美容用品或个人护理工具。这个发现对他触动非常大，让他找到了中国指甲钳行业的出路。他对产品的外观、工艺，以及销售渠道等重新设计，打造出“圣雅伦”指甲钳知名品牌。

鸭脖子在很多人看来只是一种副食品、小众食品，很难折腾出什么名堂。经过长达一年的摸索，周富裕发现，他们生产的鸭脖子不是餐桌食品，而是休闲零食。顾客群体不是大爷、大妈，而是年轻人，尤其是年轻女人。产品定位变了，目标顾客变了，经营策略也就变了。从此以后，“周黑鸭”走上了一条时尚化之路，成长为一家著名的休闲食品品牌。2016 年 11 月，周黑鸭在香港上市，目前市值达 160 亿港元。

**著名歌手杨钰莹说："这个世上我就负责甜美。重回舞台，我明白自己的位置，能给大家唱甜美的歌就足够了。"她知道自己是谁，她明白自己的角色，她知道自己该干什么。换言之，她清楚自己的定位。**

世界这么大，总得有我们的一席之地吧？不然，怎么活？

## 三、 和大众顶着来没有好结果

定位包括很多内容，也有很多方法。但是，要在大众心目中拥有一席之地，就不能逆着大众的认知来。人接纳一个事物或者排斥一个事物，都有一定规律和特点。逆着大众的认知来，只会事倍功半，甚至导致失败。顺着大众的认知来，才能借力用力，水到渠成。

2006 年 3 月，美国人埃文·威廉姆斯（Evan Williams）发明微博客（MicroBlog），用户可以实时分享不超过 140 字的文字信息。这就是后来所谓的微博（Weibo）。微博出现后，中国各大互联网公司，包括新浪、腾讯、网易、搜狐等，纷纷推出自己的微博服务。微博大战就此展开。

由于动手早、着力深，新浪微博长期一枝独秀。**在此期间，新浪采取几个关键动作，进一步巩固了自己的老大地位。2010 年 3 月，新浪斥资数百万元收购微博域名“weibo. com”。2014 年 3 月，新浪微博宣布改名为“微博”，并推出了新的标识，逐步淡化新浪色彩。4 月，启用“weibo. com”域名。**

今天，新浪微博已成为微博的代名词。如果不加特别说明，微博就是指新浪微博。在这场微博大战中，即使强如腾讯也败下阵来。新浪微博的地位几近垄断。这一点，新浪是如何做到的？关键是新浪利用并改变了人的认知。有人说得好，它相当于搞了一个“面包牌”面包。

2010 年 10 月，加拿大推出一款名为 Kik 的即时通信工具。它主要应用于移动互联网。上线 15 天，就获得 100 万用户。这迅速引起了业界的关注。

张小龙在研究 Kik 时发觉，这种新的通讯软件可能对 QQ 造成致命威胁。于是，他连夜给马化腾写了封邮件，建议腾讯进军这一业务。三个多月之后，腾讯推出一款功能相似的产品。这就是“微信”的前身。

差不多在同一个时候，雷军也看到了这个商机，他也推出一款功能相似的产品。他把这款产品命名为“米聊”。“聊”固然有聊天的意思，但为什么要“米聊”呢？名不正言不顺。这个硬造的生僻词妨碍了它的传播。“微信”尽管也是一个新造出来的词，但这两个字放在一起很容易理解，所以它轻而易举地占领了用户的头脑。

米聊比微信早面市一个多月。在开始的一段时间里，米聊的用户数也曾经领先。但经过了一段时间的拉锯战，微信迅速崛起，米聊逐步退出市场。毫无疑问，决定胜负的因素有很多。但是，我们也可以设想一下：如果当初微信叫“腾聊”，小米的米聊叫“微信”，结果将会怎么样呢？很可能不是今天这个样子。

## 四、为什么商家都争着做第一

企业家都在勇争第一投资家都在追逐“鲨鱼苗”。争第一并不总是为了虚名，也是因为有巨大的利益。

孙正义是日本软银公司创始人，他有个经营理念，那就是：“要做就做第一，而且永远做第一！”

台湾鸿海集团创始人郭台铭说：**“市场中只有第一名能赚大钱，第二名有点钱赚，第三名有时赚、有时亏，第四名、第五名都已是小赚大赔，所以富士康旗下各事业群，都必须尽快长大成为世界第一。”**

美国 GE 公司前总裁韦尔奇有个著名的“数一数二”战略。他说：“如果我们不能在一个领域里坐到第一或者第二把交椅，

GE 就会干脆退出，或卖掉这个事业。”

古谚云：“天下熙熙，皆为利来。天下攘攘，皆为利往。”今谚云：“人为财死，鸟为食亡。”**利益有直接的用途，求利很自然。名声既不能吃，又不能喝，为何还要求名呢？名和利可以通约，名声可以带来利益，并且是巨大的利益。这个道理人人皆懂。所以中国还有个成语一追名逐利。**

按照韦尔奇的说法，行业第一名比行业第二名利润高出四倍。经济学研究表明，行业内的第一名比第二名的利润能高出15%，比第三名则高出30%。当然，这只是平均值，不同行业的具体数字也不一样。

为什么第一有这么大的好处呢？

**第一，更容易被人们记住。**

人们都知道，世界第一高峰是珠穆朗玛峰。第二高峰是什么，知道的人就很少了。人们都知道，第一个登上月球的人是阿姆斯特朗。第二个登上月球的人，知道的人就更少了。虽然他只比阿姆斯特朗晚几步。有句话说得好，屈居第二，与默默无闻毫无区别。

**第二，有更多宣传的机会。**

第一往往是新闻追逐的焦点、大众议论的话题，因而会引起更多人的关注，从而获得许多免费宣传的机会。

**第三，有一系列附加的好处。**

企业出名以后，会有很多好处。比如更容易引起客户的信任、人才的青睐。再比如更容易引起供应商、经销商以及社会各界的重视。为什么总是有人拼命博眼球呢？道理很简单，有名就有利。

第一的好处，归根结底跟话语权、议价权有关。**成为第一，就有了知名度。有了知名度，购买时消费者就会想得到，就会点名购买。这样，在商场博弈中，它就有更大的主动权，价格和毛利也就有了保证。**这是行业第一能攫取高额利润的根本原因。

## 五、 除去做第一还有哪些活法

在别人心目中拥有一席之地非常不易。把事情做到极致，出类拔萃、扬威立万，是一种有效方式。除此以外，还有没有更好的办法?

虽说条条大路通罗马，但能走进他人大脑的道路却不多。除了做第一外，做唯一也是一个有效的办法。用定位理论的说法，就是成为某一品类的代表。

比如我们今天一说到可乐，就会想到可口可乐和百事可乐。这说明它们已成为“可乐”这个品类的代表。

**可口可乐和百事可乐最初都是一种药水，给病人喝的。可口可乐当中含有麻醉和兴奋的成分，是用来缓解疼痛的。百事可乐**

**的名字来自胃蛋白酶（pepsin），则是治疗消化不良的药。谁没事儿吃药啊？所以这个市场是很小的。它是饮品吗？不是！是一种叫“可乐”的饮料吗？也不是！它们之所以是“可乐”的代表，是一百多年宣传和推广的结果。**

品牌谁都可以拥有。品牌有点影响力也不难，难的是，自家品牌成为某一品类的代表。因为每出现一种新产品，都会有众多的模仿者和追随者。他们也都会拼命扩大自己的影响力。因此，一个品牌盖过其他品牌需要很多条件、很多机缘，也需要长期有意识的努力。

既不能“做第一”，也不能“做唯一”，那又该怎么活呢？那也要把自己和芸芸众生区隔开来。无论如何不能“做之一”。因为“之一”是莫名其妙的一分子、可有可无的一分子，是随时可以被替代掉的一分子，也是没有多少商业价值的一分子。

李敖先生是近几十年来最有影响的台湾学者。他的学问做得最好吗？不见得，因为文无第一，武无第二。为什么他有那么大的影响？关键是他个人营销做得好。他喜欢穿红夹克，他爱唱反调，喜欢与老大对着干。他到哪里都与众不同；他到哪里都是大家关注的焦点。一路走下来，他就成了名。

多年前，乐百氏主打纯净水，是水这个品类的大品牌。为了表明自己的纯净度，它在广告中演示27层过滤。农夫山泉紧紧抓住这一点，打出“农夫山泉有点甜”的广告语。这句广告语的潜台词是，纯净水在层层过滤的时候，也过滤掉了矿物质，所以应该是没有味道的。农夫山泉则是产自千岛湖的深层天然水，因为含有矿物质，所以有点甜味。农夫山泉在批评别人的同时，也利用了别人一把。这就叫借力用力不费力。

有这么一个小故事：

一个小男孩来到施工现场，向包工头请教成功之道："我该怎么做，才能和你一样成功？"包工头回答："穿上红衬衫，然后拼命干活儿！"小男孩满脸困惑："为什么要穿红衬衫？"

指着不远处那群建筑工人，包工头解释道："看到那些人了吗？他们全都是我的工人。我无法记住他们每个人的名字，有些人连面孔都没有印象。但是，你瞧！只有穿红衬衫的那个家伙，我能记得住。之所以记得住他，不仅因为他特别显眼，也因为他干活儿比别人更卖力。将来，我打算把他提拔成我的助手。说实话，我也是这样干上来的。"

这个小男孩，就是后来的美国"钢铁大王"安德鲁·卡内基。

看到了吗？**成功之道并不复杂，就是"穿上红衬衫，然后拼命干活儿"。这句话有两层含义：第一，要"穿上红衬衫"。什么意思呢？就是要把自己与别人区隔开来。第二，要"拼命干活儿"。这又是什么意思呢？就是要为别人创造价值，同时获得别人的认可。**

在中国，唱歌的人有很多，能唱好的人也不少，但真正成名成家的人不多。对于农民歌手来说，成名成家更是困难。男歌手里面，只有朱之文曾经穿着军大衣唱歌，所以他出名了，人送绰号"大衣哥"。女歌手里面，只有徐桂花戴着草帽唱歌，所以她也成名了，人称"草帽姐"。道理都是一样的：既要把活儿干好，又要把自己与别人区隔开来。这即是所谓的“以差别求识别，以识别求认同”。

可口可乐公司前董事长罗伯特·戈伊苏埃塔说：“对于房产来说，最重要的就是地段、地段、地段；而对于商业来说，最重要的则是不同、不同、不同。”跟别人都一样了，还要我们干什么？与众不同，才有我们的存在价值。

**附记：概念很重要，但不能乱造概念**

本文探讨定位问题。说到定位，必然提及艾·里斯和杰克·特劳特的定位理论。定位理论在营销界的影响非常大，国内追随者众多。

他们的书特别多，达22本之多。这些书我不曾通读，但对其基本观点还是有一点了解的。毫无疑问，他们的观点很有启发性。国内有些人把它说得神乎其神，还真是让人放心不下。借此机会，试述一二。

首先，他们把企业之争归结为“顾客心智之争”。自己对自己的定位、是起点。别人对自己的定位、自己在别人心目中的位置，是结果。过于强调“心智之争”，是否倒果为因？

其次，他们特别注重制造概念。他们有个观点，“没有最好的产品，只有最好的概念”。产品和概念的关系，用我国古代圣贤的话表达，即“名与实”的关系。“名实之辩”古已有之。名者，实之宾。实者，名之主。实至，自然名归。离开产品谈概念，是否有骗人之嫌？

## 第十三章

# 经营企业需要系统思考

这个世界上，好心不少，但是好事不多。为什么？因为好心不一定办好事。仅凭美好的愿望和善良的动机，就会有好结果吗？恐怕不大不可能！如何避免事与愿违的情况出现？如何才能如愿以偿？这不只是经营者面临的问题，也是每一个人都面临的问题。

## 一、好心为什么总是办坏事

好心就一定办好事吗？未必见得！

英国文学家塞缪尔·约翰逊（Samuel Johnson）有一句名言："在通往地狱的路上，铺满了善良的愿望。（The road to hell is paved with good intentions.）" 这句话的意思表达得稍微有点委婉，换成直白的中国话说，就是"好心常常办坏事"。

**老子在《道德经》里说："物或损之而益，或益之而损。"孔子在读《易经》的"损卦"和"益卦"时，曾发过这样的慨叹："或欲利之，适足以害之；或欲害之，乃反以利之。利害之反，祸福之门户，不可不察也。"他们两个人都在提醒我们：做事情要小心，好心真的不一定办好事！**

爱一个人，可能害一个人；害一个人，也可能帮一个人。为什么会这样？因为愿望与结果之间并不一定有必然的联系。天底下，最爱孩子的是父母。但是，对孩子伤害最大的往往也是父母。试问天下的孩子，谁没有受到过双亲的“伤害”？当然，绝大多数伤害都不是有心的，甚至有的伤害是在爱的名义下进行的。所以说，“爱之适足以害之”。

一帮人合作共事，多数情况下不用怀疑彼此的愿望和动机。**谁不想把事情办好？但结果如何呢？往往“凡成一事，必坏一事”，甚至“一事不成，反坏一事”**。企业经营管理中，这样的事情是个案和特例吗？

比如企业效益不好，想降低人工成本，打算辞退一批员工。辞退谁呢？肯定想辞退能力差的。但结果呢，非但能力差的员工没有被辞退，反倒是一些特别能干的员工离开了企业。

比如经济形势不好，打算采取一些措施提高效益。怎么办？降低价格，扩大销量，以提高效益。结果呢，引起竞争对手反弹，他们也采取跟进措施。不但销量没有增加，效益也大不如前。

比如销售部门拼命拿下一个大单，本以为给企业做了大贡献。但是，企业产能有限，技术水平也不高，根本达不到合同要求的标准。结果只能赔偿客户损失。一片好心想为企业创造效益，却给企业造成了意想不到的损失。

仔细想想，企业经营管理活动中，类似的事与愿违的情况非但不是特例，而且经常遇到。谁不想多赚钱？谁不想把企业做大？假如事事都能如愿以偿，天下也就没有亏损的企业了，也就没有做不大的企业了。

## 二、 复杂事情难以简单处理

好心为什么总是办坏事呢?

最根本的原因是，所要处理的事情太复杂，超出了一个人的认知能力。简单的事情凭直觉和常识处理就可以了，复杂的事情再这么处理就行不通。过于复杂的事情，甚至用所谓的科学方法也处理不了。

手握一枚硬币，把手松开，会出现什么情况呢? 只有一种结果：它会掉到地上。这是一件简单的事情。它的结果凭直觉和常识就能预测得到。所以，应对起来会非常容易。

如果把手中的硬币换成产品价格，再把价格降低 5%，又会出现什么情况呢? 事情还会这么简单吗? 我们可以想象一下会有

什么情况发生:

它可能导致销量的增长，也可能触发一场价格战；可能让一些顾客因价格便宜而感到高兴，也可能让一些顾客因产品不再尊荣而感到失落；可能导致业绩的飙升，也可能导致业绩的滑坡，还可能对业绩不产生任何影响。

在企业里，不仅有人财物等生产要素，而且有供产销等职能部门。**企业的经营管理活动纵横交错、盘根错节。一个决策可能导致多方面的影响。一个结果也会成为下一件事情的原因，产生一连串的连锁反应。因此，企业是一个复杂系统，经营管理是一件非常复杂的事情。**

这样一个复杂系统有什么特点呢?

**第一，各个模块界限不清。**

企业高速发展，业务不断扩张，市场部提出增加人手。在面试时，人力资源部提出让市场部的人参加面试。市场部的人说:"我们实在太忙了，哪里顾得上这些事啊?再说，面试是人力资源部的事，叫我们干什么呀!"新人到岗后，市场部的人开始抱怨:"招来的都是些什么人啊?根本不适合做业务!"

企业里有很多部门，招聘是不是仅是人事部门的事呢?推而广之，成本是不是仅是财务部门的事呢?销售是不是仅是营销部门的事呢?工厂选址是不是仅是生产部门的事呢?肯定不是!企业由供、产、销、人（事）、（研）发、财（务）等职能部门构成，它们之间的关系非常复杂，边界并不容易划清。

**第二，因果关系非常复杂。**

一些事情之所以简单，是因为因果关系简单。有其因，必有其果，且通常是一因一果。复杂系统则不然，可能一因多果，也可能多果一因，因果关系很难说清。蝴蝶在这个地方扇动一下翅膀，在另一个地方就能掀起一场风暴，其中的道理谁能说得清楚？

**第三，是非对错不易辨别。**

一锅水哗啦哗啦地开着，怎么才可以让它停止沸腾呢？

**可以用勺子扬一扬，也可以把锅底的柴火抽出来。前一个办法，就叫扬汤止沸。后一个办法，就叫釜底抽薪。扬汤止沸虽然立竿见影，但只是缓解一下症状。釜底抽薪虽然见效慢，但可以使问题得到根本解决。**

哪一个是更好的办法呢？能看透并不容易。因为前一个办法从眼前看是对的，但从长远看是错的。后一个办法从眼前看是错的，但从长远看是对的。所以看透它并不容易！

**企业里的很多事情也是这样。是非对错的界限并不是那么分明。不能简单地贴上一个标签，说这是对的，那是错的。也很难套用一个模式，一二三四五，一路走下去就万事大吉。**

想当初，阿里巴巴、京东的业务模式，看好的人不多。但它们今天却崛起了。相反，当初被很多人看好的模式，却早已销声匿迹。很多事情，孰是孰非、孰对孰错，难以辨别。

## 三、 科学并不等于正确有效

好心办坏事，既跟事情的复杂、难易程度有关，也跟人的认识水平和思维模式有关。

头脑简单的人，处理不了复杂问题。面对复杂问题，他们要么束手无策，要么掉到坑里去。什么叫头脑简单？一根筋，非黑即白，非此即彼，一条道走到天黑。

赵本山有一个小品，里面有一个脑筋急转弯问题：过年了，我们家什么年货也没买，就剩下一头猪和一头驴，你说我是先杀猪呢还是先杀驴？你要回答先杀猪，他会说驴也是这么想的。你要回答先杀驴，他会说猪也是这么想的。无论回答先杀猪还是先杀驴，都会掉进对方事先挖的坑里。

有一个讨饭的，怕被狗咬。于是，出门时带了一块石头。第一天，他遇到了两条狗。用石头打跑了一条狗，但被第二条狗咬了一口。他接受教训，第二天出门时带了两块石头。谁知遇上三条狗来咬他。他打跑了其中的两条狗，可还是被第三条狗给咬了。这时，他开始发愁了：要是遇上一群狗，那得准备多少块石头啊？他没有想到，一根棍子就能解决问题！

文学作品描述人性往往有所夸大。但是，头脑简单的人处理不了复杂问题，却是大概率事件。为什么会是这样呢？复杂系统有一个特点：所知非真相，所见非所得。**头脑简单者习惯用本能和直觉处理问题，所以一不小心就会误入歧途。中集集团总裁麦伯良说得好："如果认为这个世界就是一条直线往上走，你能不死，就是奇迹。"**

与简单思维不同，科学思维则走向了另一个极端。

**"科学"一词自近代传入中国以来，一直是一个带有光环的字眼。但科学并非是正确、有效的代名词。科学的就一定正确吗？科学的就一定有效吗？不一定！**

科学思维最大的特点，就是不断地把囫囵的东西进行拆分。拆分以后的东西貌似更简单、更容易，因而也更好研究和处理。局部问题研究和处理好以后，再组合成一个整体，试图通过局部问题的解决，追求整体效果的优化。

梅贻琦是清华大学原校长。他对于现代科学方法有一句评语："知识之为物，原系综合连贯的，吾人强为划分，然其在理想上相关联相辅助之处，凡曾受大学教育者不可不知也。"科学思维最大的缺陷就是:只见树木,不见森林;只见一斑,不见全豹。

任何事物都由不同的部分组成。各部分都具有一定的功能,都能发挥一定的作用。一个事物作为一个整体也都具有一定的功能,都能发挥一定的作用。但是,它作为一个整体所具有的功能和作用,绝对超过各个部分加在一起所具有的功能和作用。这就是哲学上所说的,"整体具有新质功能"。

**一道菜好吃,为什么好吃呢?因为有肉、有菜,食材好。也因为油盐、味精等调味品一应俱全,该放的都放了。是不是好的食材、好的调味品加到一起,就是一道好菜呢?肯定不是!能做好一道菜并不容易。不仅要有好食材、好调料,还要有好厨师、好火候。另外,也要研究人的因素,因为合不合食客的口味也很重要。这些东西缺一不可,加到一起才有好味道、好效果。**

对于科学思维的局限性,西方的明智之士也都有所觉察,并进行了批判。托夫勒是美国著名的未来学家,他曾为普里高津的《从混沌到有序》一书撰写前言。开篇第一句话,他就说:"在当代西方文明中得到最高发展的技巧之一就是拆零,我们非常擅长此技,以致我们竟时常忘记把这些细部重新装到一起。"

彼得·圣吉是系统思考的倡导者,他对于科学思维的批判也十分深刻。他说:"**自幼我们就被教导把对象加以分解,把世界拆成片片段段来理解,这显然能够使复杂的问题容易处理,但是无形中,我们却付出了巨大的代价——全然失掉对'整体'的连属感,也不能了解自身行动所带来的一连串后果。**"

企业是一个复杂的有机体，其问题往往是结构性和系统性的。如果失掉了“整体观”，只把这些问题和事情当成某一个方面或专业的问题和事情，将其限定在一个狭小的范围内去分析、思考和解决，结果只能是头疼医头、脚疼医脚。头疼医头、脚疼医脚能有什么结果呢？只能是头疼医头头更疼，脚疼医脚无路走。

## 四、 看到世界的全貌和真相

一个人怎么看，决定他怎么想。怎么想，决定他怎么做。换言之，一个人的世界观决定他的方法论。

**每个人都是在用自制的世界地图在这个世界上生活。使用错误的地图，到达不了正确的目的地。只有最完整的世界观，才会产生最完美的方法论，以及最理想的效果。**

正确处理经营管理问题，需要树立什么样的世界观呢?

首先，要把企业当作一个整体。

企业里，很多问题是由部门本位导致的。站在生产部门的立场上，一定会强调“均衡生产”。站在销售部门的立场上，一定会强调“以销定产”。所以，生产部门和销售部门会有矛盾。

而站在研发部门的立场上，一定会强调“以技术为核心”。站在销售部门的立场上，则会强调“以市场为龙头”。因此，研发部门和销售部门也会有冲突。

按照彼得·德鲁克的观点，企业的本质在于创造顾客，营销和创新是企业的首要职能。其他的功能，包括研发、生产、销售、人事、财务等，都是二级职能或辅助职能。因此，销售问题在销售领域肯定是没解的，财务问题在财务领域是没有答案的。

事实上，企业是一个整体，每个部门也都应该站在企业的整体立场上考虑问题。福莱特是为数不多的女管理学家。她有句话说得很好：“我们必须通过整体来研究整体，而不仅仅通过对其组成部分的分析来研究整体。整体不仅仅取决于它自身的组成部分，而且取决于各个组成部分之间的相互关系。”

既然企业是一个整体，把企业问题割裂开来处理，就是不对的。东西方的管理界普遍觉察到这个问题，并且采取了不少措施。比如提出了“供应链管理”的新概念。供应链管理涵盖了以前的采购、运输、生产、售后服务等相关职能，以更好地满足消费者需求。再比如把以前的研发职能重新整合，提出“产品生命周期管理”的概念，确保生产出适销对路的产品。把营销、销售、服务等相关职能重新整合，实施“客户关系管理”，以使客户更加满意。并且，产品生命周期管理、供应链管理和客户关系管理这三大主要流程要紧密衔接，从整体上提高企业的经营管理效率。

其次，要把企业和社会视作一个整体。

管理大师德鲁克还有一个著名的观点，“管理是企业的器官，企业是社会的器官”。因此，既不能离开企业谈管理，也不能离开社会谈企业。

今天，资本的力量已经冲破了产业乃至国家的边界，在全球范围内整合资源。影响客户需求的因素，影响企业利基的因素，也都处于前所未有的快速变化之中。在这样的环境下，更不能把企业和社会割裂开来思考问题。要把企业视作社会价值网络的一个子系统，宏观产业布局中的一个组成部分。站在这样的高度思考经营管理问题及商业模式问题，才能始终走在时代前列，及时抓住各种经营契机。

最后，甚至把整个世界视作一个整体。

古希腊哲学家柏拉图说：“最低层次的思考，是对事物的知觉；最高层次的思考，是能将所有事物都看成是系统之一部分的完整直觉。”

美国物理学家、诺贝尔奖得主卡普拉，把东方的宇宙观归结为两个基本主题，一是所有的现象是统一的、相互联系的，二是宇宙在本质上是能动的。他断言：“**我们越深入到亚微观世界，越会认识到近代物理学家是如何像东方神秘主义者一样，终于把世界看成一个不可分割的、相互作用的、其组成部分是永远运动着的一个体系，而观察者本身也是这体系中必不可少的一部分。**”

在我国古代的圣人看来，宇宙本来就是一个整体。天地万物，包括人，都是宇宙的一个组成部分。《道德经》中说：“道生一，一生二，二生三，三生万物。”《庄子·齐物论》中说：“天地与我并生，万物与我为一。”万物同根、同源、同构、同息，同为一体。在宇宙的背后，则有一个终极的主宰者，就是所谓“道”。

**在他们看来，道不但创生万物，而且规定万物之性，设定万物之理。他们把全面体认大道的学问，称为“道术”。研究大道之某一个方面的学问，则被称为“方术”。方术都有片面性，因而不解决根本问题。道术则无所不包，无往不利。因此，古之道术就是最高智慧，值得拿生命去换。孔子说：“朝闻道，夕死可矣!”**

剥去神秘主义外衣，“古之道术”实质就是一种整体主义世界观，一种系统思考问题的方式。它既是一种最完整的世界观，也是一种最完美的方法论。我们的祖先运用它创造了辉煌灿烂的东方文明。当然，我们也可以拿它解决眼前的各种问题。

## 五、从根上梳理和解决问题

既见树木，又见森林；既见一斑，又见全豹，才叫系统思考。只有系统思考、整体把握，才能从根本上解决问题，且不留后遗症。

真正具备系统思考的能力并不容易，但也并非是无迹可寻。这里尝试提几条措施：

### 1. 不断变换立场和视角

观察事物老是站在一个地方，就会有盲点和看不清楚的地方。俗话说，要想知道，打个颠倒。不断变换一下视角和立场，往往能看得更清楚、更全面一些。

**每一门学问、每一样工具，都有它的用途和长处，也都有它的局限性和不足之处。盈利是一种非常复杂的现象，仅靠一门学科、一个工具，难以透过现象看到问题的本质。**

要用放大镜、显微镜、望远镜三副镜子看世界，要用哲学、业务、财务三把刀子分析问题，才能解开盈利及商业模式这个“黑箱”，随心所欲地驾驭企业这驾“马车”。

**2. 要学会把自己择出来**

既然事物是一个整体，事情是一个系统，如何才能看到它的全貌？有句话说得好，“退出画面看画”。还有句话，“站在月球看地球”。

1968 年，阿波罗 8 号第一次展开环月飞行。在此期间，宇航员从外太空拍下了地球的画面。这是人类第一次从太空的另一个角度看地球。

**宇航员说：“以往蓝色存在于天空之外，存在于地平线之处，是很多人追求向往的颜色，而 1968 年当我们终于走出地平线后，发现蓝色实际上就存在于我们自己的家园中。”站在月球看地球，与站在地球看地球，看到的景致肯定非常不一样。有人说，这是人类反思自我的开始。**

要学会跳出行业看行业，跳出企业看企业，跳出产品看产品。要把自己、员工、客户、竞争对手乃至整个环境，统统都放入一个画面里去看，才能看清这幅画真实的样子。

要学会先把自己择出来，再把自己放进去。把自己择出来，才会有整体观；把自己放进去，才会有现场感。既有整体观，又有现场感，才能看到问题的真正症结所在。

**3. 找到事物的深层动因**

找到事物的深层动因，需要眼光和洞察力，并不容易。在谈及修道的方法时，庄子曾提出首先要“外天下”“外物”，然后才能“朝彻”“见独”。庄子的方法可资借鉴。

**什么叫外天下、外物？就是把自己从具体事物，甚至是天下万物中择出来，让自己逍遥其外。为什么要外天下、外物？身陷其中，就会受到牵扯和束缚，特别是视野。外天下、外物，才可能看到事物的全貌和真相。**

什么叫朝彻？某个早上醒来，一下子大彻大悟，什么都看得明明白白的。世界的全部真相，一下子展现在自己的眼前。什么叫见独？看到事物背后的终极驱动因素，看到了全部问题的症结所在。因为终极驱动因素是独一无二的，所以叫见独。

假如说思考问题是有维度的，得道者一定是站在最高的维度思考问题。**一维思考类似猴子爬竿或蚂蚁爬树。别人不能走，他也不能走，因为彼此冲突。二维思考类似同向行走，因为方向一致，所以互不妨碍。三维思考则如同走立体桥，各走各的道，并行而不悖。**

得道者站在什么维度思考问题？一定是在四维以上。因为道是没有藩篱的，所谓“大道无方”。悟了道，将无所不通，无所不达，无往不利。这不正是做事情所要追求的最佳效果吗？

## 附记：世界观也是方法论

庄子说：“吾生也有涯，而知也无涯”。知识本不必过分追求，因为智慧是人的本能。有智慧，自然会产生知识；有智慧，自然会运用知识。

老子说：“多言数穷，不如守中。”细枝末节数不胜数，理论创新没有尽头。与其苦苦追求那数不尽的理，不如牢牢守住这最高明的道。因为它是唯一的。

商学发展到今天，已经成为一门非常庞杂的学科。为了方便经营管理，发明了很多方法、工具和模型。结果如何呢？不理想。怎么办？继续发明更多方法、工具和模型。有必要搞那么复杂吗？我看未必！需要的可能只是一个立场，一个视角的改变。

《中庸》有言：“道也者，不可须臾离也，可离非道也。”我想说，整体主义是个宝，思考问题离不了！读古圣书，感悟不少，今且发布于此，或可存一家之言。是为附记。

## 推荐作者得新书！

## 博瑞森征稿启事

**亲爱的读者朋友：**

感谢您选择了博瑞森图书！希望您手中的这本书能给您带来实实在在的帮助！

博瑞森一直致力于发掘好作者、好内容，希望能把您最需要的思想、方法，一字一句地交到您手中，成为管理知识与管理实践的桥梁。

但是我们也知道，有很多深入企业一线、经验丰富、乐于分享的优秀专家，或者忙于实战没时间，或者缺少专业的写作指导和便捷的出版途径，只能茫然以待……

还有很多在竞争大潮中坚守的企业，有着异常宝贵的实践经验和独特的洞察，但缺少专业的记录和整理者，无法让企业的经验和故事被更多的人了解、学习……

**对读者而言，这些都太遗憾了！**

博瑞森非常希望能将这些埋藏的"宝藏"发掘出来，贡献给广大读者，让更多的人从中受益。

所以，我们真心地邀请您，我们的老读者，帮我们搜寻：

**推荐作者**

可以是您自己或您的朋友，只要对本土管理有实践、有思考；可以是您通过网络、杂志、书籍或其他途径了解的某位专家，不管名气大小，只要他的思想和方法曾让您深受启发。

可以是管理类作品，也可以超出管理，各类优秀的社科作品或学术作品。

**推荐企业**

可以是您自己所在的企业，或者是您熟悉的某家企业，其创业过程、运营经历、产品研发、机制创新，等等。无论企业大小，只要乐于分享、有值得借鉴书写之处。

**总之，好内容就是一切！**

博瑞森绝非"自费出书"，出版费用完全由我们承担。您推荐的作者或企业案例一经采用，我们会立刻向您赠送书币 1000 元，可直接换取任何博瑞森图书的纸书或电子书。

感谢您对本土管理原创、博瑞森图书的支持！

推荐投稿邮箱：bookgood@126.com　　推荐手机：13611149991

# 1120本土管理实践与创新论坛

这是由100多位本土管理专家联合创立的企业管理实践学术交流组织，旨在孵化本土管理思想、促进企业管理实践、加强专家间交流与协作。

论坛每年集中力量办好两件大事：第一，“**出一本书**”，汇聚一年的思考和实践，把最原创、最前沿、最实战的内容集结成册，贡献给读者；第二，“**办一次会**”，每年11月20日本土管理专家们汇聚一堂，碰撞思想、研讨案例、交流切磋、回馈社会。

**论坛理事名单**（以年龄为序，以示传承之意）

**首届常务理事：**

彭志雄　曾　伟　施　炜　杨　涛　张学军　郭　晓　程绍珊　胡八一
王祥伍　李志华　陈立云　杨永华

**理　事：**

张再林　卢根鑫　刘文瑞　王铁仁　周荣辉　罗　珉　房西苑　曾令同
黄民兴　陆和平　孟广桥　宋杼宸　张国祥　刘承元　叶兴平　曹子祥
宋新宇　吴越舟　吴　坚　杜建君　戴欣明　仲昭川　刘春雄　刘祖轲
张茂泽　段继东　陈立胜　梁　涛　何　慕　秦国伟　贺兵一　罗海容
张小虎　陈忠建　郭　剑　余晓雷　黄中强　朱玉童　沈　坤　阎立忠
张　进　丁兴良　朱仁健　薛宝峰　史贤龙　卢　强　史幼波　黄剑黎
叶敦明　王　涛　李文才　王　强　张远凤　陈　明　廖信琳　岑立聪
方　刚　何足奇　周　俊　杨　奕　孙行健　孙嘉晖　张东利　郭富才
叶　宁　何　屹　沈　奎　王明胤　王　超　马宝琳　谭长春　杨竣雄
夏惊鸣　张　博　段传敏　李洪道　胡浪球　孙　波　唐江华　程　翔
翟玉忠　刘红明　杨鸿贵　伯建新　高可为　李　蓓　王春强　孔祥云
戴　勇　贾同领　罗宏文　张兵武　史立臣　李政权　余　盛　陈小龙
尚　锋　邢　雷　余伟辉　李小勇　苗庆显　孙　巍　陈继展　全怀周
林延君　王清华　初勇钢　陈　锐　高继中　聂志新　黄　屹　沈　拓
徐伟泽　潦　寒　谭洪华　崔自三　王玉荣　蒋　军　侯军伟　黄润霖
朱伟杰　金国华　吴　之　葛新红　周　剑　崔海鹏　李治江　陈海超
柏　龑　唐道明　刘书生　朱志明　曲宗恺　杜　忠　黄渊明　王献永
范月明　吕　林　刘文新　赵晓萌　张　伟　韩　旭　韩友诚　熊亚杜
秦海林　孙彩军　刘　雷　贺小林　王庆云　黄　娜　俞士耀　田　军
丁　昀　张小峰　黄　磊　罗晓慧　赵海永　伏泓霖　任彭枞　梁小平
鄢圣安　马方旭　乐　涛　杨晓燕　欧阳莉华　陈　慧　张　璐

## 企业案例·老板传记

| | 书名. 作者 | 内容/特色 | 读者价值 |
|---|---|---|---|
| 企业案例·老板传记 | **你不知道的加多宝:原市场部高管讲述**<br>曲宗恺　牛玮娜　著 | 前加多宝高管解读加多宝 | 全景式解读,原汁原味 |
| | **借力咨询:德邦成长背后的秘密**<br>官同良　王祥伍　著 | 讲述德邦是如何借助咨询公司的力量进行自身与发展的 | 来自德邦内部的第一线资料,真实、珍贵,令人受益匪浅 |
| | **娃哈哈区域标杆:豫北市场营销实录**<br>罗宏文　赵晓萌　等著 | 本书从区域的角度来写娃哈哈河南分公司豫北市场是怎么进行区域市场营销,成为娃哈哈全国第一大市场、全国增量第一高市场的一些操作方法 | 参考性、指导性,一线真实资料 |
| | **六个核桃凭什么:从0过100亿**<br>张学军　著 | 首部全面揭秘养元六个核桃裂变式成长的巨著 | 学习优秀企业的成长路径,了解其背后的理论体系 |
| | **像六个核桃一样:打造畅销品的36个简明法则**<br>王　超　范　萍　著 | 本书分上下两篇:包括“六个核桃”的营销战略历程和36条畅销法则 | 知名企业的战略历程极具参考价值,36条法则提供操作方法 |
| | **解决方案营销实战案例**<br>刘祖轲　著 | 用10个真案例讲明白什么是工业品的解决方案式营销,实战、实用 | 有干货、真正操作过的才能写得出来 |
| | **招招见销量的营销常识**<br>刘文新　著 | 如何让每一个营销动作都直指销量 | 适合中小企业,看了就能用 |
| | **我们的营销真案例**<br>联纵智达研究院　著 | 五芳斋粽子从区域到全国/诺贝尔瓷砖门店销量提升/利豪家具出口转内销/汤臣倍健的营销模式 | 选择的案例都很有代表性,实在、实操! |
| | **中国营销战实录:令人拍案叫绝的营销真案例**<br>联纵智达　著 | 51个案例,42家企业,38万字,18年,累计2000余人次参与…… | 最真实的营销案例,全是一线记录,开阔眼界 |
| | **双剑破局:沈坤营销策划案例集**<br>沈　坤　著 | 双剑公司多年来的精选案例解析集,阐述了项目策划中每一个营销策略的诞生过程,策划角度和方法 | 一线真实案例,与众不同的策划角度令人拍案叫绝、受益匪浅 |
| | **宗:一位制造业企业家的思考**<br>杨　涛　著 | 1993年创业,引领企业平稳发展20多年,分享独到的心得体会 | 难得的一本老板分享经验的书 |
| | **简单思考:AMT咨询创始人自述**<br>孔祥云　著 | 著名咨询公司(AMT)的CEO创业历程中点点滴滴的经验与思考 | 每一位咨询人,每一位创业者和管理经营者,都值得一读 |
| | **边干边学做老板**<br>黄中强　著 | 创业20多年的老板,有经验、能写、又愿意分享,这样的书很少 | 处处共鸣,帮助中小企业老板少走弯路 |
| | **三四线城市超市如何快速成长:解密甘雨亭**<br>IBMG国际商业管理集团　著 | 国内外标杆企业的经验+本土实践量化数据+操作步骤、方法 | 通俗易懂,行业经验丰富,宝贵的行业量化数据,关键思路和步骤 |
| | **中国首家未来超市:解密安徽乐城**<br>IBMG国际商业管理集团　著 | 本书深入挖掘了安徽乐城超市的试验案例,为零售企业未来的发展提供了一条可借鉴之路 | 通俗易懂,行业经验丰富,宝贵的行业量化数据,关键思路和步骤 |

## 互联网+

| | 书名. 作者 | 内容/特色 | 读者价值 |
|---|---|---|---|
| 互联网+ | **新营销**<br>刘春雄　著 | 新营销的新框架体系是场景是产品逻辑,IP是品牌逻辑,社群是连接逻辑,传播是营销逻辑 | 助力品牌商实现由传统营销到新营销的理念和行动的跨越,助力企业打赢升级转型之仗 |
| | **企业微信营销全指导**<br>孙　巍　著 | 专门给企业看到的微信营销书,手把手教企业从小白到微信营销专家 | 企业想学微信营销现在还不晚,两眼一抹黑也不怕,有这本书就够 |

续表

| | | | |
|---|---|---|---|
| 互联网+ | **企业网络营销这样做才对:B2B大宗B2C**<br>张　进　著 | 简单直白拿来就用,各种窍门信手拈来,企业网络营销不麻烦也不用再头疼,一般人不告诉他 | B2B、大宗B2C企业有福了,看了就能学会网络营销 |
| | **互联网时代的银行转型**<br>韩友诚　著 | 以大量案例形式为读者全面展示和分析了银行的互联网金融转型应对之道 | 结合本土银行转型发展案例的书籍 |
| | **正在发生的转型升级·实践**<br>本土管理实践与创新论坛　著 | 企业在快速变革期所展现出的管理变革新成果、新方法、新案例 | 重点突出对于未来企业管理相关领域的趋势研判 |
| | **触发需求:互联网新营销样本·水产**<br>何足奇　著 | 传统产业都在苦闷中挣扎前行,本书通过鲜活的案例告诉你如何以需求链整合供应链,从而把大家熟知的传统行业打碎了重构、重做一遍 | 全是干货,值得细读学习,并且作者的理论已经经过了他亲自操刀的实践检验,效果惊人,就在书中全景展示 |
| | **移动互联新玩法:未来商业的格局和趋势**<br>史贤龙　著 | 传统商业、电商、移动互联,三个世界并存,这种新格局的玩法一定要懂 | 看清热点的本质,把握行业先机,一本书搞定移动互联网 |
| | **微商生意经:真实再现33个成功案例操作全程**<br>伏泓霖　罗晓慧　著 | 本书为33个真实案例,分享案例主人公在做微商过程中的经验教训 | 案例真实,有借鉴意义 |
| | **阿里巴巴实战运营——14招玩转诚信通**<br>聂志新　著 | 本书主要介绍阿里巴巴诚信通的十四个基本推广操作,从而帮助使用诚信通的用户及企业更好地提升业绩 | 基本操作,很多可以边学边用,简单易学 |
| | **阿里巴巴实战运营2:诚信通热卖技巧**<br>聂嵘海　著 | 诚信通TOP商家赚钱的密码箱,手把手教你操作,拿来就用 | 图文并茂,内容齐全,直接可以对照使用 |
| | **抖音营销如何做:未来抖商**<br>刘大贺　著 | 解密从0到1亿粉丝的实操路径,深度剖析抖音营销全系统策略 | 企业做抖音营销的第一书 |
| | **微商团队长:从入门到精通**<br>罗品牌　著 | 由浅入深,涵盖微商团队长必学技能的方方面面 | 只要照着做,就能当好微商团队长 |
| | **互联网精准营销**<br>蒋　军　著 | 怎么在互联网时代整体策划、包装品牌和产品,并在此基础上为企业设计商业模式,技术实现并运营落地 | 为有基础的小微企业(大企业的新项目)1年实现销售额过亿,2年对接资本,3年左右准IPO |
| | **今后这样做品牌:移动互联时代的品牌营销策略**<br>蒋　军　著 | 与移动互联紧密结合,告诉你老方法还能不能用,新方法怎么用 | 今后这样做品牌就对了 |
| | **互联网+“变”与“不变”:本土管理实践与创新论坛集萃·2016**<br>本土管理实践与创新论坛　著 | 本土管理领域正在产生自己独特的理论和模式,尤其在移动互联时代,有很多新课题需要本土专家们一起研究 | 帮助读者拓宽眼界、突破思维 |
| | **创造增量市场:传统企业互联网转型之道**<br>刘红明　著 | 传统企业需要用互联网思维去创造增量,而不是用电子商务去转移传统业务的存量 | 教你怎么在“互联网+”的海洋中创造实实在在的增量 |
| | **重生战略:移动互联网和大数据时代的转型法则**<br>沈　拓　著 | 在移动互联网和大数据时代,传统企业转型如同生命体打算与再造,称之为“重生战略” | 帮助企业认清移动互联网环境下的变化和应对之道 |
| | **画出公司的互联网进化路线图:用互联网思维重塑产品、客户和价值**<br>李　蓓　著 | 18个问题帮助企业一步步梳理出互联网转型思路 | 思路清晰、案例丰富,非常有启发性 |
| | **7个转变,让公司3年胜出**<br>李　蓓　著 | 消费者主权时代,企业该怎么办 | 这就是互联网思维,老板有能这样想,肯定倒不了 |
| | **跳出同质思维,从跟随到领先**<br>郭　剑　著 | 66个精彩案例剖析,帮助老板突破行业长期思维惯性 | 做企业竟然有这么多玩法,开眼界 |

续表

| 行业类：零售、白酒、食品/快消品、农业、医药、建材家居等 | | | |
|---|---|---|---|
| | 书名．作者 | 内容/特色 | 读者价值 |
| 零售·超市·餐饮·服装 | **总部有多强大，门店就能走多远**<br>IBMG 国际商业管理集团　著 | 如何把总部做强，成为门店的坚实后盾 | 了解总部建设的方法与经验 |
| | **超市卖场定价策略与品类管理**<br>IBMG 国际商业管理集团　著 | 超市定价策略与品类管理实操案例和方法 | 拿来就能用的理论和工具 |
| | **连锁零售企业招聘与培训破解之道**<br>IBMG 国际商业管理集团　著 | 围绕零售企业组织架构、培训体系建设等内容进行深刻探讨 | 破解人才发现和培养瓶颈的关键点 |
| | **中国首家未来超市：解密安徽乐城**<br>IBMG 国际商业管理集团　著 | 介绍了乐城作为中国首家未来超市从无到有的传奇经历 | 了解新型零售超市的运作方式及管理特色 |
| | **三四线城市超市如何快速成长：解密甘雨亭**<br>IBMG 国际商业管理集团　著 | 揭秘一家三四线连锁超市的经验策略 | 不但可以欣赏它的优点，而且可以学会它成功的方法 |
| | **新零售　新终端**<br>迪智成咨询团队　著 | 梳理和提炼新零售的系统打法，将之落地在新终端建设上 | 让新零售这一看似形而上的商业概念有了可以落地的立足点 |
| | **新零售动作分解：建材　家居　家具**<br>盛斌子　著 | 第一本锁定在家居建材、家电、家装等耐用消费品领域谈新零售的书 | 第一本谈新零售的具体动作、策略、方法、招术的书，拿来就用 |
| | **新零售进化趋势与未来格局**<br>李政权　著 | 通过业态、品类、体验、场景等，逐一呈现新零售的未来进化 | 就新零售未来的发展方向与进化趋势给出一个确定性的未来 |
| | **涨价也能卖到翻**<br>村松达夫　【日】 | 提升客单价的 15 种实用、有效的方法 | 日本企业在这方面非常值得学习和借鉴 |
| | **移动互联下的超市升级**<br>联商网专栏频道　著 | 深度解析超市转型升级重点 | 帮助零售企业把握全局、看清方向 |
| | **手把手教你做专业督导：专卖店、连锁店**<br>熊亚柱　著 | 从督导的职能、作用，在工作中需要的专业技能、方法，都提供了详细的解读和训练办法，同时附有大量的表单工具 | 无论是店铺需要统一培训，还是个人想成为优秀的督导，有这一本就够了 |
| | **百货零售全渠道营销策略**<br>陈继展　著 | 没有照本宣科、说教式的絮叨，只有笔者对行业的认知与理解，庖丁解牛式的逐项解析、展开 | 通俗易懂，花极少的时间快速掌握该领域的知识及趋势 |
| | **零售：把客流变成购买力**<br>丁　昀　著 | 如何通过不断升级产品和体验式服务来经营客流 | 如何进行体验营销，国外的好经营，这方面有启发 |
| | **餐饮企业经营策略第一书**<br>吴　坚　著 | 分别从产品、顾客、市场、盈利模式等几个方面，对现阶段餐饮企业的发展提出策略和思路 | 第一本专业的、高端的餐饮企业经营指导书 |
| | **餐饮新营销**<br>杨　勇　程绍珊　著 | 在新环境下，对餐饮营销管理进行了全面深入的解读，提供了方式方法 | 全面性、系统性，区别于市面上的纯操作类作品 |
| | **电影院的下一个黄金十年：开发·差异化·案例**<br>李保煜　著 | 对目前电影院市场存大的问题及如何解决进行了探讨与解读 | 多角度了解电影院运营方式及代表性案例 |
| | **赚不赚钱靠店长：从懂管理到会经营**<br>孙彩军　著 | 通过生动的案例来进行剖析，注重门店管理细节方面的能力提升 | 帮助终端门店店长在管理门店的过程中实现经营思路的拓展与突破 |
| 耐消品 | **商用车经销商运营实战**<br>杜建君　王朝阳　章晓青　等著 | 从管理到经营，从销售到服务，系统化运作全指导 | 为经销商经营开阔思路，掌握方法 |
| | **汽车配件这样卖：汽车后市场销售秘诀 100 条**<br>俞士耀　著 | 汽配销售业务员必读，手把手教授最实用的方法，轻松得来好业绩 | 快速上岗，专业实效，业绩无忧 |

续表

| | | | |
|---|---|---|---|
| 耐消品 | **润滑油销售:这样说这样做更有效**<br>张金荣　著 | 针对渠道、经销商、终端的超实用话术 | 上车看,下车用,3分钟就能学会。 |
| | **新经销:新零售时代,教你做大商**<br>黄润霖　著 | 从选址、产品、促销、团队、规模阐述新经销变与不变的市场手法和操作思路 | 实地拜访近100位经销商在传统营销手法上的创新、新营销工具的发现 |
| | **珠宝黄金新营销**<br>崔德乾　著 | 营销、品牌、产品、连接、场景、社群、服务、传播、管理及产业价值链 | 新营销在珠宝行业的实战应用,业内必备第一书 |
| | **跟行业老手学经销商开发与管理:家电、耐消品、建材家居**<br>黄润霖　著 | 全部来源于经销商管理的一线问题,作者用丰富的经验将每一个问题落实到最便捷快速的操作方法上去 | 书中每一个问题都是普通营销人亲口提出的,这些问题你也会遇到,作者进行的解答则精彩实用 |
| 白酒 | **酒水饮料快消品餐饮渠道营销手册**<br>朱伟杰　著 | 主要针对快消品(酒水、饮料)的餐饮渠道,提供了区域、商圈、不同业态的规划和促销安排等多种工具,并提出了经销商、批发商等相关人员的管理方法 | 一本酒水饮料如何在餐饮渠道销售的全能手册,内容深入翔实,可以直接照搬套用,这样的便利简直千金不换 |
| | **白酒到底如何卖**<br>赵海永　著 | 以市场实战为主,多层次、全方位、多角度地阐释了白酒一线市场操作的最新模式和方法,接地气 | 实操性强,37个方法、6大案例帮你成功卖酒 |
| | **变局下的白酒企业重构**<br>杨永华　著 | 帮助白酒企业从产业视角看清趋势,找准位置,实现弯道超车的书 | 行业内企业要减少90%,自己在什么位置,怎么做,都清楚了 |
| | **1. 白酒营销的第一本书(升级版)**<br>**2. 白酒经销商的第一本书**<br>唐江华　著 | 华泽集团湖南开口笑公司品牌部长,擅长酒类新品推广、新市场拓展 | 扎根一线,实战 |
| | **区域型白酒企业营销必胜法则**<br>朱志明　著 | 为区域型白酒企业提供35条必胜法则,在竞争中赢销的葵花宝典 | 丰富的一线经验和深厚积累,实操实用 |
| | **10步成功运作白酒区域市场**<br>朱志明　著 | 白酒区域操盘者必备,掌握区域市场运作的战略、战术、兵法 | 在区域市场的攻伐防守中运筹帷幄,立于不败之地 |
| | **酒业转型大时代:微酒精选2014-2015**<br>微酒　主编 | 本书分为五个部分:当年大事件、那些酒业营销工具、微酒独立策划、业内大调查和十大经典案例 | 了解行业新动态、新观点,学习营销方法 |
| 快消品·食品 | **中国快消品营销的这些年**<br>史贤龙　著 | 作者精华文章的合集,一本书浓缩了过去十五年,中国营销的实战历程与前沿思考 | 快消品营销行业的案例和方法都原汁原味呈现,在反映当时风貌的同时,展望与反思 |
| | **营销中国茶:2小时读懂茶叶营销**<br>史贤龙　著 | 从不同视角对中国的茶营销进行了思考,内容涉及中国茶产业战略困境、茶企规模化、茶品牌崛起、茶文化、茶营销、茶消费、茶零售、茶道等 | 内容丰富扎实,文字流畅,浓缩的都是精华,让你2小时读懂茶叶营销 |
| | **这样打造快消品标杆市场**<br>罗宏文　著 | 帮助你解决如何成功打造标杆市场和进行持续增量管理两大问题 | 一套系统的方法论,通俗易懂,可以直接套用 |
| | **5小时读懂快消品营销:中国快消品案例观察**<br>陈海超　著 | 多年营销经验的一线老手把案例掰开了、揉碎了,从中得出的各种手段和方法给读者以帮助和启发 | 营销那些事儿的个中秘辛,求人还不一定告诉你,这本书里就有 |
| | **快消品招商的第一本书:从入门到精通**<br>刘　雷　著 | 深入浅出,不说废话,有工具方法,通俗易懂 | 让零基础的招商新人快速学习书中最实用的招商技能,成长为骨干人才 |
| | **乳业营销第一书**<br>侯军伟　著 | 对区域乳品企业生存发展关键性问题的梳理 | 唯一的区域乳业营销书,区域乳品企业一定要看 |

续表

| | | | |
|---|---|---|---|
| 快消品·食品 | 金龙鱼背后的粮油帝国<br>余　盛　著 | 讲述金龙鱼品牌及母公司丰益国际的商业冒险故事 | 在精彩的阅读体验中学到营销管理的方法 |
| | 食用油营销第一书<br>余　盛　著 | 10多年油脂企业工作经验,从行业到具体实操 | 食用油行业第一书,当之无愧 |
| | 中国茶叶营销第一书<br>柏　龑　著 | 如何跳出茶行业"大文化小产业"的困境,作者给出了自己的观察和思考 | 不是传统做茶的思路,而是现在商业做茶的思路 |
| | 调味品企业八大必胜法则<br>张　戟　著 | 八大规律性的关键成功要素,背后都有本土调味品企业的成功实践 | "观点阐述+案例描述",行业必读 |
| | 调味品营销第一书<br>陈小龙　著 | 国内唯一一本调味品营销的书 | 唯一的调味品营销的书,调味品的从业者一定要看 |
| | 快消品营销人的第一本书:从入门到精通<br>刘　雷　伯建新　著 | 快消行业必读书,从入门到专业 | 深入细致,易学易懂 |
| | 变局下的快消品营销实战策略<br>杨永华　著 | 通胀了,成本增加,如何从被动应战变成主动的"系统战" | 作者对快消品行业非常熟悉、非常实战 |
| | 快消品经销商如何快速做大<br>杨永华　著 | 本书完全从实战的角度,评述现象,解析误区,揭示原理,传授方法 | 为转型期的经销商提供了解决思路,指出了发展方向 |
| | 快消品营销:一位销售经理的工作心得2<br>蒋　军　著 | 快消品、食品饮料营销的经验之谈,重点图书 | 来源与实战的精华总结 |
| | 快消品营销与渠道管理<br>谭长春　著 | 将快消品标杆企业渠道管理的经验和方法分享出来 | 可口可乐、华润的一些具体的渠道管理经验,实战 |
| | 成为优秀的快消品区域经理(升级版)<br>伯建新　著 | 用"怎么办"分析区域经理的工作关键点,增加30%全新内容,更贴近环境变化 | 可以作为区域经理的"速成催化器" |
| | 销售轨迹:一位快消品营销总监的拼搏之路<br>秦国伟　著 | 本书讲述了一个普通销售员打拼成为跨国企业营销总监的真实奋斗历程 | 激励人心,给广大销售员以力量和鼓舞 |
| | 快消老手都在这样做:区域经理操盘锦囊<br>方　刚　著 | 非常接地气,全是多年沉淀下来的干货,丰富的一线经验和实操方法不可多得 | 在市场摸爬滚打的"老油条",那些独家绝招妙招一般你问都是问不来的 |
| | 动销四维:全程辅导与新品上市<br>高继中　著 | 从产品、渠道、促销和新品上市详细讲解提高动销的具体方法,总结作者18年的快消品行业经验,方法实操 | 内容全面系统,方法实操 |
| 农业 | 饲料营销有方法:策略　案例　工具<br>陈石平　著 | 跳出饲料看饲料,根据饲料营销的关键成功要素(KSF)提出7大核心命题 | 紧跟农牧产业发展大势,提高饲料企业营销竞争力 |
| | 新农资如何换道超车<br>刘祖轲　等著 | 从农业产业化、互联网转型、行业营销与经营突破四个方面阐述如何让农资企业占领先机、提前布局 | 南方略专家告诉你如何应对资源浪费、生产效率低下、产能严重过剩、价格与价值严重扭曲等 |
| | 中国牧场管理实战:畜牧业、乳业必读<br>黄剑黎　著 | 本书不仅提供了来自一线的实际经验,还收入了丰富的工具文档与表单 | 填补空白的行业必读作品 |
| | 中小农业企业品牌战法<br>韩　旭　著 | 将中小农业企业品牌建设的方法,从理论讲到实践,具有指导性 | 全面把握品牌规划,传播推广,落地执行的具体措施 |
| | 农资营销实战全指导<br>张　博　著 | 农资如何向"深度营销"转型,从理论到实践进行系统剖析,经验资深 | 朴实、使用!不可多得的农资营销实战指导 |
| | 农产品营销第一书<br>胡浪球　著 | 从农业企业战略到市场开拓、营销、品牌、模式等 | 来源于实践中的思考,有启发 |
| | 变局下的农牧企业9大成长策略<br>彭志雄　著 | 食品安全、纵向延伸、横向联合、品牌建设…… | 唯一的农牧企业经营实操的书,农牧企业一定要看 |

续表

| | | | |
|---|---|---|---|
| 医药 | 在中国,医药营销这样做:时代方略精选文集<br>段继东　主编 | 专注于医药营销咨询15年,将医药营销方法的精华文章合编,深入全面 | 可谓医药营销领域的顶尖著作,医药界读者的必读书 |
| | 医药新营销:制药企业、医药商业企业营销模式转型<br>史立臣　著 | 医药生产企业和商业企业在新环境下如何做营销?老方法还有没有用?如何寻找新方法?新方法怎么用?本书给你答案 | 内容非常现实接地气,踏实谈问题说方法 |
| | 医药企业转型升级战略<br>史立臣　著 | 药企转型升级有5大途径,并给出落地步骤及风险控制方法 | 实操性强,有作者个人经验总结及分析 |
| | 新医改下的医药营销与团队管理<br>史立臣　著 | 探讨新医改对医药行业的系列影响和医药团队管理 | 帮助理清思路,有一个框架 |
| | 医药营销与处方药学术推广<br>马宝琳　著 | 如何用医学策划把"平民产品"变成"明星产品" | 有真货、讲真话的作者,堪称处方药营销的经典! |
| | 医药行业大洗牌与药企创新<br>林延君　沈　斌　著 | 一方面,围绕着变革,多角度阐述药企的应对之道;另一方面,紧扣实践,介绍近百家医药企业创新实践案例 | 医改变革10年,医药企业如何应对大洗牌?重磅出击的药企人必读书 |
| | 新医改了,药店就要这样开<br>尚　锋　著 | 药店经营、管理、营销全攻略 | 有很强的实战性和可操作性 |
| | 电商来了,实体药店如何突围<br>尚　锋　著 | 电商崛起,药店该如何突围?本书从促销、会员服务、专业性、客单价等多重角度给出了指导方向 | 实战攻略,拿来就能用 |
| | OTC医药代表药店销售36计<br>鄢圣安　著 | 以《三十六计》为线,写OTC医药代表向药店销售的一些技巧与策略 | 案例丰富,生动真实,实操性强 |
| | OTC医药代表药店开发与维护<br>鄢圣安　著 | 要做到一名专业的医药代表,需要做什么、准备什么、知识储备、操作技巧等 | 医药代表药店拜访的指导手册,手把手教你快速上手 |
| | 引爆药店成交率1:店员导购实战<br>范月明　著 | 一本书解决药店导购所有难题 | 情景化、真实化、实战化 |
| | 引爆药店成交率2:经营落地实战<br>范月明　著 | 最接地气的经营方法全指导 | 揭示了药店经营的几类关键问题 |
| | 引爆药店成交率:专业化销售解决方案<br>范月明　著 | 药品搭配分析与关联销售 | 为药店人专业化助力 |
| | 处方药合规推广实战宝典<br>赵佳震　著 | 推广体系搭建、推广人员岗位工作内容、推广服务外包商管理等六个方面 | 解决"医药代表转型"和"推广服务外包商管理"的困惑 |
| | 医药代理商实操全指导:新环境　新战法<br>戴文杰　著 | 结合医药市场政策环境解读新环境下医药招商的战法,着重分析药品产业链的盈利机会 | 医药销售业务人员的必备读物 |
| | 攻略基层诊所:医药营销这样做<br>张江民　著 | 对基层诊所的开发、维护和动销,拿来就用的方式方法 | 实战是本书的主旨,只要用心去看,就能在基层诊所市场中运用 |
| | 互联网医药的未来<br>动脉网　编著 | 介绍了互联网医药发展的现状与趋势 | 帮助创业者和投资人看清未来,把握当下 |
| | 处方药零售这样做<br>田　军　著 | 阐述了处方药零售的重要性,以及做处方药零售市场的具体措施和方法 | 系统性了解和掌握处方药零售方法 |
| 建材家居 | 成为最赚钱的家具建材经销商<br>李治江　著 | 从销售模式、产品、门店等老板们最关注和最需要的方面解决问题、提供方法 | 只要你是建材、家具、家居用品的经销商老板,这就是一本必读的书 |
| | 定制家居黄金十年<br>韩　锋　翁长华　著 | 梳理了定制家居的商业模式和发展情况 | 帮助定制家居看清方向,把握当下 |
| | 家具建材促销与引流<br>薛　亮　李永峰　著 | 十大促销模式的详细方法和工具 | 让你天天签大单 |

续表

| | | | |
|---|---|---|---|
| 建材家居 | 家具行业操盘手<br>王献永　著 | 家具行业问题的终结者 | 解决了于家具还有没有前途？为什么同城多店的家具经销商很难做大做强等问题 |
| | 建材家居营销：除了促销还能做什么<br>孙嘉晖　著 | 一线老手的深度思考，告诉你在建材家居营销模式基本停滞的今天，除了促销，营销还能怎么做 | 给你的想法一场革命 |
| | 建材家居营销实务<br>程绍珊　杨鸿贵　主编 | 价值营销运用到建材家居，每一步都让客户增值 | 有自己的系统、实战 |
| | 家居建材门店6力爆破<br>贾同领　著 | 合盘道出一线品牌销量秘籍 | 6力招招见血，既有招数，又有策略 |
| | 建材家居门店销量提升<br>贾同领　著 | 店面选址、广告投放、推广助销、空间布局、生动展示、店面运营等 | 门店销量提升是一个系统工程，非常系统、实战 |
| | 10步成为最棒的建材家居门店店长<br>徐伟泽　著 | 实际方法易学易用，让员工能够迅速成长，成为独当一面的好店长 | 只要坚持这样干，一定能成为好店长 |
| | 手把手帮建材家居导购业绩倍增：成为顶尖的门店店员<br>熊亚柱　著 | 生动的表现形式，让普通人也能成为优秀的导购员，让门店业绩长红 | 读着有趣，用着简单，一本在手、业绩无忧 |
| | 建材家居经销商实战42章经<br>王庆云　著 | 告诉经销商：老板怎么当、团队怎么带、生意怎么做 | 忠言逆耳，看着不舒服就对了，实战总结，用一招半式就值了 |
| 工业品 | 销售是门专业活：B2B、工业品<br>陆和平　著 | 销售流程就应该跟着客户的采购流程和关注点的变化向前推进，将一个完整的销售过程分成十个阶段，提供具体方法 | 销售不是请客吃饭拉关系，是个专业的活计！方法在手，走遍天下不愁 |
| | 解决方案营销实战案例<br>刘祖轲　著 | 用10个真案例讲明白什么是工业品的解决方案式营销，实战、实用 | 有干货、真正操作过的才能写得出来 |
| | 变局下的工业品企业7大机遇<br>叶敦明　著 | 产业链条的整合机会、盈利模式的复制机会、营销红利的机会、工业服务商转型机会…… | 工业品企业还可以这样做，思维大突破 |
| | 工业品市场部实战全指导<br>杜　忠　著 | 工业品市场部经理工作内容全指导 | 系统、全面、有理论、有方法，帮助工业品市场部经理更快提升专业能力 |
| | 工业品营销管理实务<br>李洪道　著 | 中国特色工业品营销体系的全面深化、工业品营销管理体系优化升级 | 工具更实战，案例更鲜活，内容更深化 |
| | 工业品企业如何做品牌<br>张东利　著 | 为工业品企业提供最全面的品牌建设思路 | 有策略、有方法、有思路、有工具 |
| | 丁兴良讲工业4.0<br>丁兴良　著 | 没有枯燥的理论和说教，用朴实直白的语言告诉你工业4.0的全貌 | 工业4.0是什么？本书告诉你答案 |
| | 资深大客户经理：策略准，执行狠<br>叶敦明　著 | 从业务开发、发起攻势、关系培育、职业成长四个方面，详述了大客户营销的精髓 | 满满的全是干货 |
| | 两化融合管理系统贯标流程与方法<br>戴　勇　张华杰　张百荣　编著 | 全面梳理贯标流程和方法 | 帮助企业成功贯标 |
| | 一切为了订单：订单驱动下的工业品营销实战<br>唐道明　著 | 其实，所有的企业都在围绕着两个字在开展全部的经营和管理工作，那就是“订单” | 开发订单、满足订单、扩大订单。本书全是实操方法，字字珠玑、句句干货，教你获得营销的胜利 |
| 金融 | 交易心理分析<br>(美)马克·道格拉斯　著<br>刘真如　译 | 作者一语道破赢家的思考方式，并提供了具体的训练方法 | 不愧是投资心理的第一书，绝对经典 |
| | 精品银行管理之道<br>崔海鹏　何　屹　主编 | 中小银行转型的实战经验总结 | 中小银行的教材很多，实战类的书很少，可以看看 |

续表

| | | | |
|---|---|---|---|
| 金融 | **支付战争**<br>Eric M. Jackson 著<br>徐彬 王晓 译 | PayPal创业期营销官，亲身讲述PayPal从诞生到壮大到成功出售的整个历史 | 激烈、有趣的内幕商战故事！了解美国支付市场的风云巨变 |
| | **中外并购名著专业阅读指南**<br>叶兴平 等著 | 在5000多本并购类图书中精选的200著作，在阅读的基础上写的读书评价 | 精挑细选200本并一一评介，省去读者挑选的烦恼，快捷、高效 |
| | **新三板信息披露全流程：操作与工具**<br>和珩科技 著 | 详细拆解董秘日常工作过程中所需的信息披露流程 | 董秘案头必备用书 |
| | **成功并购300本：一本书搞定并购难题**<br>浩德军师并购联盟 著 | 从财务，税务，法律等角度详细解答疑问 | 能解决80%的并购问题 |
| | **互联网时代的银行转型**<br>韩友诚 著 | 以大量案例形式为读者全面展示和分析了银行的互联网金融转型应对之道 | 结合本土银行转型发展案例的书籍 |
| 房地产 | **产业园区/产业地产规划、招商、运营实战**<br>阎立忠 著 | 目前中国第一本系统解读产业园区和产业地产建设运营的实战宝典 | 从认知、策划、招商到运营全面了解地产策划 |
| | **人文商业地产策划**<br>戴欣明 著 | 城市与商业地产战略定位的关键是不可复制性，要发现独一无二的"味道" | 突破千城一面的策划困局 |
| | **中国城市群房地产投资策略**<br>吕俊博 著 | 全方位、多角度分析城市群房地产现状是趋势 | 让亿元资产投资更理性、更安全 |
| | **电影院的下一个黄金十年：开发·差异化·案例**<br>李保煜 著 | 对目前电影院市场存大的问题及如何解决进行了探讨与解读 | 多角度了解电影院运营方式及代表性案例 |
| 能源 | **全能型班组：城市能源互联网与电力班组升级**<br>国网天津市电力公司 编著 | 借鉴国内外优秀企业的转型升级思路，通过对于新型班组组织模式和运行机制的大胆设想，力图构建充分适应内外环境变化的全能型班组 | 看看庞大的国企在新环境下是如何顺应时代的 |
| | **国网天津电力全能型班组建设实务**<br>国网天津市电力公司 编著 | 本书聚焦于天津电力公司在探索全能型班组转型升级时的优秀实践 | 电力行业的班组实践，具体、可操作性强 |

## 经营类：企业如何赚钱，如何抓机会，如何突破，如何"开源"

| | 书名. 作者 | 内容/特色 | 读者价值 |
|---|---|---|---|
| 抓方向 | **让经营回归简单. 升级版**<br>宋新宇 著 | 化繁为简抓住经营本质：战略、客户、产品、员工、成长 | 经典，做企业就这几个关键点！ |
| | **混沌与秩序Ⅰ：变革时代企业领先之道**<br>**混沌与秩序Ⅱ：变革时代管理新思维**<br>彭剑锋 尚艳玲 主编 | 汇集华夏基石专家团队10年来研究成果，集中选择了其中的精华文章编纂成册 | 作者都是既有深厚理论积淀又有实践经验的重磅专家，为中国企业和企业家的未来提出了高屋建瓴的观点 |
| | **活系统：跟任正非学当老板**<br>孙行健 尹贤 著 | 以任正非的独到视角，教企业老板如何经营公司 | 看透公司经营本质，激活企业活力 |
| | **重构：快消品企业重生之道**<br>杨永华 著 | 从7个角度，帮助企业实现系统性的改造 | 提供转型思想与方法，值得参考 |
| | **公司由小到大要过哪些坎**<br>卢强 著 | 老板手里的一张"企业成长路线图" | 现在我在哪儿，未来还要走哪些路，都清楚了 |
| | **企业二次创业成功路线图**<br>夏惊鸣 著 | 企业曾经抓住机会成功了，但下一步该怎么办？ | 企业怎样获得第二次成功，心里有个大框架了 |
| | **老板经理人双赢之道**<br>陈明 著 | 经理人怎养选平台、怎么开局，老板怎样选/育/用/留 | 老板生闷气，经理人牢骚大，这次知道该怎么办了 |

续表

| | | | |
|---|---|---|---|
| 抓方向 | **简单思考:AMT 咨询创始人自述**<br>孔祥云　著 | 著名咨询公司(AMT)的 CEO 创业历程中点点滴滴的经验与思考 | 每一位咨询人,每一位创业者和管理经营者,都值得一读 |
| | **企业文化的逻辑**<br>王祥伍　黄健江　著 | 为什么企业绩效如此不同,解开绩效背后的文化密码 | 少有的深刻,有品质,读起来很流畅 |
| | **使命驱动企业成长**<br>高可为　著 | 钱能让一个人今天努力,使命能让一群人长期努力 | 对于想做事业的人,‘使命’是绕不过去的 |
| 思维突破 | **盈利原本就这么简单**<br>高可为　著 | 从财务的角度揭示企业盈利的秘密 | 多方面解读商业模式与盈利的关系,通俗易懂,受益匪浅 |
| | **经营:打造你的盈利系统**<br>高可为　著 | 从盈利角度梳理了系统化的经营方式 | 让企业掌舵者把控经营全局 |
| | **创模式:23 个行业创新案例**<br>段传敏　著 | 23 位行业精英的创新对话 | 创业者、转型者的实战参考 |
| | **企业良性成长:用顶层设计突破瓶颈**<br>刘建兆　著 | 全方位介绍企业顶层设计的方法和思路 | 帮助企业用顶层设计突破成长瓶颈 |
| | **移动互联新玩法:未来商业的格局和趋势**<br>史贤龙　著 | 传统商业、电商、移动互联,三个世界并存,这种新格局的玩法一定要懂 | 看清热点的本质,把握行业先机,一本书搞定移动互联网 |
| | **画出公司的互联网进化路线图:用互联网思维重塑产品、客户和价值**<br>李　蓓　著 | 18 个问题帮助企业一步步梳理出互联网转型思路 | 思路清晰、案例丰富,非常有启发性 |
| | **重生战略:移动互联网和大数据时代的转型法则**<br>沈　拓　著 | 在移动互联网和大数据时代,传统企业转型如同生命体打算与再造,称之为“重生战略” | 帮助企业认清移动互联网环境下的变化和应对之道 |
| | **创造增量市场:传统企业互联网转型之道**<br>刘红明　著 | 传统企业需要用互联网思维去创造增量,而不是用电子商务去转移传统业务的存量 | 教你怎么在“互联网+”的海洋中创造实实在在的增量 |
| | **7 个转变,让公司 3 年胜出**<br>李　蓓　著 | 消费者主权时代,企业该怎么办 | 这就是互联网思维,老板有能这样想,肯定倒不了 |
| | **跳出同质思维,从跟随到领先**<br>郭　剑　著 | 66 个精彩案例剖析,帮助老板突破行业长期思维惯性 | 做企业竟然有这么多玩法,开眼界 |
| | **互联网+“变”与“不变”:本土管理实践与创新论坛集萃·2016**<br>本土管理实践与创新论坛　著 | 加速本土管理思想的孕育诞生,促进本土管理创新成果更好地服务企业、贡献社会 | 各个作者本年度最新思想,帮助读者拓宽眼界、突破思维 |
| | **消费升级:实践　研究(文集)**<br>本土管理实践与创新论坛　著 | 38 位管理专家及 7 位学者的精华思想,从经营、管理、行业及思想研究四个方面阐述中国企业在消费升级下的实践与研究 | 思想启发,行业借鉴 |
| 财务 | **写给企业家的公司与家庭财务规划——从创业成功到富足退休**<br>周荣辉　著 | 本书以企业的发展周期为主线,写各阶段企业与企业主家庭的财务规划 | 为读者处理人生各阶段企业与家庭的财务问题提供建议及方法,让家庭成员真正享受财富带来的益处 |
| | **互联网时代的成本观**<br>程　翔　著 | 本书结合互联网时代提出了成本的多维观,揭示了多维组合成本的互联网精神和大数据特征,论述了其产生背景、实现思路和应用价值 | 在传统成本观下为盈利的业务,在新环境下也许就成为亏损业务。帮助管理者从新的角度来看待成本,进一步做好精益管理 |

续表

| | | | |
|---|---|---|---|
| 财务 | 财报背后的投资机会<br>蒋　豹　著 | 以具体的公司案例分析，教你迅速看出财务报表与企业经营的关系、所反映的企业经营现状，从而找到投资机会 | 前四大会计所员工为读者解密财报，发现投资机会 |
| **管理类：效率如何提升，如何实现经营目标，如何“节流”** | | | |
| | 书名．作者 | 内容/特色 | 读者价值 |
| 通用管理 | 让管理回归简单·升级版<br>宋新宇　著 | 从目标、组织、决策、授权、人才和老板自己层面教你怎样做管理 | 帮助管理抓住管理的要害，让管理变得简单 |
| | 让经营回归简单·升级版<br>宋新宇　著 | 从战略、客户、产品、员工、成长、经营者自身等七个方面，归纳总结出简单有效的经营法则 | 总结出的真正优秀企业的成功之道：简单 |
| | 让用人回归简单<br>宋新宇　著 | 从用人的原则、用人的难题与误区、用人的方法和用人者的修炼四大方面，总结出适合中小企业做好人才管理工作的法则 | 帮助管理者抓住用人的要害，让用人变得简单 |
| | 历史深处的管理智慧1：组织建设与用人之道<br>刘文瑞　著 | 对历史之典故、政事、人事、政制进行管理解析，鉴照企业人才的选用育留 | 推动理论与实践的对接，实现理性与情感的渗透，用中国话语说明管理智慧 |
| | 历史深处的管理智慧2：战略决策与经营运作<br>刘文瑞　著 | 对历史之典故、政事、人事、政制进行管理解析，鉴照企业战略设计与经营实践 | 推动理论与实践的对接，实现理性与情感的渗透，用中国话语说明管理智慧 |
| | 历史深处的管理智慧3：领导修炼与文化素养<br>刘文瑞　著 | 对历史之典故、政事、人事、政制进行管理解析，鉴照企业领导职业能力提升与文化修养 | 推动理论与实践的对接，实现理性与情感的渗透，用中国话语说明管理智慧 |
| | 管理的尺度<br>刘文瑞　著 | 对管理中的种种普遍性问题进行了批评 | 提高把握管理尺度的能力 |
| | 管理学在中国<br>刘文瑞　著 | 系统性介绍了管理学在中国的发展和演变 | 了解管理学在中国的发展脉络，更清晰理解管理学的本质 |
| | 看电影，懂管理<br>刘文瑞　著 | 16部经典电影，带你感悟管理智慧 | 能够帮助读者放松身心，驰骋想象，在不知不觉中增长智慧 |
| | 管理：以规则驾驭人性<br>王春强　著 | 详细解读企业规则的制定方法 | 从人与人博弈角度提升管理的有效性 |
| | 打造集成供应链：走出挂一漏十的改善困境<br>王春强　著 | 详解集成供应链全过程 | 帮助企业优化供应链管理 |
| | 用好骨干员工：关键人才培养与激励<br>王　敏　著 | 系统化分享关键人才打造与激励方法 | 企业能实在用人的最大化价值 |
| | 改变世界的管理学大师1：管理学的前世今生<br>刘文瑞　编著 | 介绍了古典管理学时期的大师事迹和思想 | 深入了解管理大师们的思想和智慧 |
| | 成为企业欢迎的咨询师<br>张国祥　著 | 从调研到落地，手把手教你咨询流程 | 不走弯路，方便直接的学到老咨询师的套路 |
| | 员工心理学超级漫画版<br>邢　雷　著 | 以漫画的形式深度剖析员工心理 | 帮助管理者更了解员工，从而更轻松地管理员工 |
| | 老板有想法，高层有干法：企业中的将帅之道<br>王清华　著 | 深入剖析老板与高管的异同 | 各司其职，各行其是，相辅相成 |
| | 分股合心：股权激励这样做<br>段磊　周剑　著 | 通过丰富的案例，详细介绍了股权激励的知识和实行方法 | 内容丰富全面、易读易懂，了解股权激励，有这一本就够了 |
| | 边干边学做老板<br>黄中强　著 | 创业20多年的老板，有经验、能写、又愿意分享，这样的书很少 | 处处共鸣，帮助中小企业老板少走弯路 |

续表

| | | | |
|---|---|---|---|
| 通用管理 | 成为敏感而体贴的公司<br>王　涛　著 | 本书为作者对企业的观察和冥想的随笔记录。从生活中的一个现象入手，进而探索现象背后的本质 | 从全新角度认识公司 |
| | 中国企业的觉醒：正直　善良　成长<br>王　涛　著 | 围绕着企业人如何发生转化展开，对中国人、中国文化及由此导致的企业现状的观察和思考 | 企业除了要利润，还需要道德 |
| | 有意识的思考：轻松化解问题的7个思考习惯<br>王　涛　著 | 本书是对思想、思考过程、思考方式进行的细致观察 | 养成好的思考习惯，更深刻地看问题 |
| | 中国式阿米巴落地实践之从交付到交易<br>胡八一　著 | 本书主要讲述阿米巴经营会计，“从交付到交易”，这是成功实施了阿米巴的标志 | 阿米巴经营会计的工作是有逻辑关联的，一本书就能搞定 |
| | 中国式阿米巴落地实践之激活组织<br>胡八一　著 | 重点讲解如何科学划分阿米巴单元，阐述划分的实操要领、思路、方法、技术与工具 | 最大限度减少“推行风险”和“摸索成本”，利于公司成功搭建适合自身的个性化阿米巴经营体系 |
| | 中国式阿米巴落地实践之持续盈利<br>胡八一　著 | 把企业做成平台，企业才能做大（格局）；把平台做成阿米巴，企业才能做强（专业）；把阿米巴做成合伙制，企业才能做久（机制） | 中国式阿米巴落地实践三部曲的最后一部，告诉你企业如何做大做强做久 |
| | 集团化企业阿米巴实战案例<br>初勇钢　著 | 一家集团化企业阿米巴实施案例 | 指导集团化企业系统实施阿米巴 |
| | 阿米巴经营的中国模式<br>李志华　著 | 让员工从“要我干”到“我要干”，价值量化出来 | 阿米巴在企业如何落地，明白思路了 |
| | 欧博心法：好管理靠修行<br>曾　伟　著 | 用佛家的智慧，深刻剖析管理问题，见解独到 | 如果真的有‘中国式管理’，曾老师是其中标志性人物 |
| | 领导这样点燃你的下属<br>孟广桥　著 | 领导者如何才能让员工积极主动地工作？如何让你的员工和下属保持工作的热情，自动自发？看了这本书就知道 | 只要你希望手下的"兵将"永远充满工作的斗志，这本书将使你获益良多 |
| 流程管理 | 1. 用流程解放管理者<br>2. 用流程解放管理者2<br>张国祥　著 | 中小企业阅读的流程管理、企业规范化的书 | 通俗易懂，理论和实践的结合恰到好处 |
| | 跟我们学建流程体系<br>陈立云　著 | 畅销书《跟我们学做流程管理》系列，更实操，更细致，更深入 | 更多地分享实践，分享感悟，从实践总结出来的方法论 |
| | 人人都要懂流程<br>金国华　余雅丽　著 | 当前各企业流程管理方面最为典型的痛点现象及问题案例 | 通俗易懂，适合企业全员阅读 |
| 质量管理 | IATF16949 质量管理体系详解与案例文件汇编：TS16949 转版 IATF16949：2016<br>谭洪华　著 | 针对 IATF 的新标准做了详细的解说，同时指出了一些推行中容易犯的错误，提供了大量的表单、案例 | 案例、表单丰富，拿来就用 |
| | 五大质量工具详解及运用案例：APQP/FMEA/PPAP/MSA/SPC<br>谭洪华　著 | 对制造业必备的五大质量工具中每个文件的制作要求、注意事项、制作流程、成功案例等进行了解读 | 通俗易懂、简便易行，能真正实现学以致用 |
| | ISO9001：2015 新版质量管理体系详解与案例文件汇编<br>谭洪华　著 | 紧密围绕 2015 年新版质量管理体系文件逐条详细解读，并提供可以直接套用的案例工具，易学易上手 | 企业质量管理认证、内审必备 |
| | ISO14001：2015 新版环境管理体系详解与案例文件汇编<br>谭洪华　著 | 紧密围绕 2015 年新版环境管理体系文件逐条详细解读，并提供可以直接套用的案例工具，易学易上手 | 企业环境管理认证、内审必备 |

续表

| | | | |
|---|---|---|---|
| 质量管理 | **ISO9001:2015 完整文件汇编:制造业**<br>贺红喜　著 | 按照 ISO9001 标准并超出标准的要求,提供了一套完整的制造业的质量管理体系文件 | 原汁原味完整收入,直接可以拿来就用 |
| | **SA8000:2014 社会责任管理体系认证实战**<br>吕　林　著 | 作者根据自己的操作经验,按认证的流程,以相关案例进行说明 SA8000 认证体系 | 简单,实操性强,拿来就能用 |
| | **精益质量管理实战工具**<br>贺小林　著 | 制造类企业日常工作中所需要的精益管理工具的归纳整理,并进行案例操作的细致分析 | 可以直接参考,实际解决生产中的具体问题 |
| 战略落地 | **重生——中国企业的战略转型**<br>施　炜　著 | 从前瞻和适用的角度,对中国企业战略转型的方向、路径及策略性举措提出了一些概要性的建议和意见 | 对企业有战略指导意义 |
| | **公司大了怎么管:从靠英雄到靠组织**<br>AMT 金国华　著 | 第一次详尽阐释中国快速成长型企业的特点、问题及解决之道 | 帮助快速成长型企业领导及管理团队理清思路,突破瓶颈 |
| | **低效会议怎么改:每年节省一半会议成本的秘密**<br>AMT 王玉荣　著 | 教你如何系统规划公司的各级会议,一本工具书 | 教会你科学管理会议的办法 |
| | **年初订计划,年尾有结果:战略落地七步成诗**<br>AMT 郭晓　著 | 7 个步骤教会你怎么让公司制定的战略转变为行动 | 系统规划,有效指导计划实现 |
| 人力资源 | **HRBP 是这样炼成的之"菜鸟起飞"**<br>新　海　著 | 以小说的形式,具体解析 HRBP 的职责,应该如何操作,如何为业务服务 | 实践者的经验分享,内容实务具体,形式有趣 |
| | **HRBP 是这样炼成的之中级修炼**<br>新　海　著 | 本书以案例故事的方式,介绍了 HRBP 在实际工作中碰到的问题和挑战 | 书中的 HR 解决方案讲究因时因地制宜、简单有效的原则,重在启发读者思路,可供各类企业 HRBP 借鉴 |
| | **HRBP 是这样炼成的之高级修炼**<br>新　海　著 | 以故事的形式,展现了 HRBP 工作者在职业发展路上的层层深入和递进 | 为读者提供 HRBP 在实际工作中遇到种种问题的解决方案 |
| | **新任 HR 高管如何从 0 到 1**<br>黄渊明　著 | 全景式展现新任高管华丽转身全过程 | 助力新任高管安全着陆 |
| | **HR 的劳动法内参**<br>李皓楠　著 | 100 个劳动法案例和分析 | 轻松掌握劳动法知识,方便运用 |
| | **把面试做到极致:首席面试官的人才甄选法**<br>孟广桥　著 | 作者用自己几十年的人力资源经验总结出的一套实用的确定岗位招聘标准、提升面试官技能素质的简便方法 | 面试官必备,没有空泛理论,只有巧妙的实操技能 |
| | **人力资源体系与 e－HR 信息化建设**<br>刘书生　陈　莹　王美佳　著 | 将作者经历的人力资源管理变革、人力资源管理信息化咨询项目方法论、工具和成果全面展现给读者,使大家能够将其快速应用到管理实践中 | 系统性非常强,没有废话,全部是浓缩的干货 |
| | **回归本源看绩效**<br>孙　波　著 | 让绩效回顾"改进工具"的本源,真正为企业所用 | 确实是来源于实践的思考,有共鸣 |
| | **世界 500 强资深培训经理人教你做培训管理**<br>陈　锐　著 | 从 7 大角度具体细致地讲解了培训管理的核心内容 | 专业、实用、接地气 |

续表

| | | | |
|---|---|---|---|
| 人力资源 | **曹子祥教你做激励性薪酬设计**<br>曹子祥　著 | 以激励性为指导,系统性地介绍了薪酬体系及关键岗位的薪酬设计模式 | 深入浅出,一本书学会薪酬设计 |
| | **曹子祥教你做绩效管理**<br>曹子祥　著 | 复杂的理论通俗化,专业的知识简单化,企业绩效管理共性问题的解决方案 | 轻松掌握绩效管理 |
| | **把招聘做到极致**<br>远　鸣　著 | 作为世界500强高级招聘经理,作者数十年招聘经验的总结分享 | 带来职场思考境界的提升和具体招聘方法的学习 |
| | **人才评价中心.超级漫画版**<br>邢　雷　著 | 专业的主题,漫画的形式,只此一本 | 没想到一本专业的书,能写成这效果 |
| | **走出薪酬管理误区**<br>全怀周　著 | 剖析薪酬管理的8大误区,真正发挥好枢纽作用 | 值得企业深读的实用教案 |
| | **集团化人力资源管理实践**<br>李小勇　著 | 对搭建集团化的企业很有帮助,务实,实用 | 最大的亮点不是理论,而是结合实际的深入剖析 |
| | **我的人力资源咨询笔记**<br>张　伟　著 | 管理咨询师的视角,思考企业的HR管理 | 通过咨询师的眼睛对比很多企业,有启发 |
| | **本土化人力资源管理8大思维**<br>周　剑　著 | 成熟HR理论,在本土中小企业实践中的探索和思考 | 对企业的现实困境有真切体会,有启发 |
| 企业文化 | **36个拿来就用的企业文化建设工具**<br>海融心胜　主编 | 数十个工具,为了方便拿来就用,每一个工具都严格按照工具属性、操作方法、案例解读划分,实用、好用 | 企业文化工作者的案头必备书,方法都在里面,简单易操作 |
| | **企业文化建设超级漫画版**<br>邢　雷　著 | 以漫画的形式系统教你企业文化建设方法 | 轻松易懂好操作 |
| | **华夏基石方法:企业文化落地本土实践**<br>王祥伍　谭俊峰　著 | 十年积累、原创方法、一线资料,和盘托出 | 在文化落地方面真正有洞察,有实操价值的书 |
| | **企业文化的逻辑**<br>王祥伍　著 | 为什么企业之间如此不同,解开绩效背后的文化密码 | 少有的深刻,有品质,读起来很流畅 |
| | **企业文化激活沟通**<br>宋杼宸　安　琪　著 | 透过新任HR总经理的眼睛,揭示出沟通与企业文化的关系 | 有实际指导作用的文化落地读本 |
| | **在组织中绽放自我:从专业化到职业化**<br>朱仁健　王祥伍　著 | 个人如何融入组织,组织如何助力个人成长 | 帮助企业员工快速认同并投入到组织中去,为企业发展贡献力量 |
| | **企业文化定位·落地一本通**<br>王明胤　著 | 把高深枯燥的专业理论创建成一套系统化、实操化、简单化的企业文化缔造方法 | 对企业文化不了解,不会做?有这一本从概念到实操,就够了 |
| 生产管理 | **精益思维:中国精益如何落地**<br>刘承元　著 | 笔者二十余年企业经营和咨询管理的经验总结 | 中国企业需要灵活运用精益思维,推动经营要素与管理机制的有机结合,推动企业管理向前发展 |
| | **300张现场图看懂精益5S管理**<br>乐　涛　编著 | 5S现场实操详解 | 案例图解,易懂易学 |
| | **高员工流失率下的精益生产**<br>余伟辉　著 | 中国的精益生产必须面对和解决高员工流失率问题 | 确实来源于本土的工厂车间,很务实 |
| | **车间人员管理那些事儿**<br>岑立聪　著 | 车间人员管理中处理各种“疑难杂症”的经验和方法 | 基层车间管理者最闹心、头疼的事,‘打包’解决 |

续表

| | | | |
|---|---|---|---|
| 生产管理 | 1. 欧博心法:好管理靠修行<br>2. 欧博心法:好工厂这样管<br>曾　伟　著 | 他是本土最大的制造业管理咨询机构创始人,他从400多个项目、上万家企业实践中锤炼出的欧博心法 | 中小制造型企业,一定会有很强的共鸣 |
| | 欧博工厂案例1:生产计划管控对话录<br>欧博工厂案例2:品质技术改善对话录<br>欧博工厂案例3:员工执行力提升对话录<br>曾　伟　著 | 最典型的问题、最详尽的解析,工厂管理9大问题27个经典案例 | 没想到说得这么细,超出想象,案例很典型,照搬都可以了 |
| | 工厂管理实战工具<br>欧博企管　编著 | 以传统文化为核心的管理工具 | 适合中国工厂 |
| | 苦中得乐:管理者的第一堂必修课<br>曾　伟　编著 | 曾伟与师傅大愿法师的对话,佛学与管理实践的碰撞,管理禅的修行之道 | 用佛学最高智慧看透管理 |
| | 比日本工厂更高效1:管理提升无极限<br>刘承元　著 | 指出制造型企业管理的六大积弊;颠覆流行的错误认知;掌握精益管理的精髓 | 每一个企业都有自己不同的问题,管理没有一剑封喉的秘笈,要从现场、现物、现实出发 |
| | 比日本工厂更高效2:超强经营力<br>刘承元　著 | 企业要获得持续盈利,就要开源和节流,即实现销售最大化,费用最小化 | 掌握提升工厂效率的全新方法 |
| | 比日本工厂更高效3:精益改善力的成功实践<br>刘承元　著 | 工厂全面改善系统有其独特的目的取向特征,着眼于企业经营体质(持续竞争力)的建设与提升 | 用持续改善力来飞速提升工厂的效率,高效率能够带来意想不到的高效益 |
| | 3A顾问精益实践1:IE与效率提升<br>党新民　苏迎斌　蓝旭日　著 | 系统的阐述了IE技术的来龙去脉以及操作方法 | 使员工与企业持续获利 |
| | 3A顾问精益实践2:JIT与精益改善<br>肖志军　党新民　著 | 只在需要的时候,按需要的量,生产所需的产品 | 提升工厂效率 |
| | 化工企业工艺安全管理实操<br>黄　娜　编著 | 化工企业工艺安全管理全指导 | 帮助企业树立安全意识,强化安全管理方法 |
| | 手把手教你做专业的生产经理<br>黄　娜　著 | 物流、信息流、资金流,让生产经理管理有抓手 | 从菜鸟到能把控全局 |
| 员工素质提升 | TTT培训师精进三部曲(上):深度改善现场培训效果<br>廖信琳　著 | 现场把控不用慌,这里有妙招一用就灵 | 课程现场无论遇到什么样的情况都能游刃有余 |
| | TTT培训师精进三部曲(中):构建最有价值的课程内容<br>廖信琳　著 | 这样做课程内容,学员有收获培训师也有收获 | 优质的课程内容是树立个人品牌的保证 |
| | TTT培训师精进三部曲(下):职业功力沉淀与修为提升<br>廖信琳　著 | 从内而外提升自己,职业的道路一帆风顺 | 走上职业TTT内训师的康庄大道 |
| | 培训师,如何让你的事业长青:自我管理的10项法则<br>廖信琳　著 | 建立了一套完整的培训师自我管理体系,为培训师的职业成长与发展提供有益的指引 | 培训师如何在自己的职业道路上越走越高,事业长青,一直有所收获与成长?本书将给你答案 |
| | 管理咨询师的第一本书:百万年薪　千万身价<br>熊亚柱　著 | 从问题出发,发现问题、分析问题、解决问题,让两眼一抹黑的新人快速成长 | 管理咨询师初入职场,让这本书开启百万年薪之路 |

续表

| | | | |
|---|---|---|---|
| 员工素质提升 | 手把手教你做专业督导：专卖店、连锁店<br>熊亚柱　著 | 从督导的职能、作用，在工作中需要的专业技能、方法，都提供了详细的解读和训练办法，同时附有大量的表单工具 | 无论是店铺需要统一培训，还是个人想成为优秀的督导，有这一本就够了 |
| | 跟老板"偷师"学创业<br>吴江萍　余晓雷　著 | 边学边干，边观察边成长，你也可以当老板 | 不同于其他类型的创业书，让你在工作中积累创业经验，一举成功 |
| | 销售轨迹：一位快消品营销总监的拼搏之路<br>秦国伟　著 | 本书讲述了一个普通销售员打拼成为跨国企业营销总监的真实奋斗历程 | 激励人心，给广大销售员以力量和鼓舞 |
| | 在组织中绽放自我：从专业化到职业化<br>朱仁健　王祥伍　著 | 个人如何融入组织，组织如何助力个人成长 | 帮助企业员工快速认同并投入到组织中去，为企业发展贡献力量 |
| | 企业员工弟子规：用心做小事，成就大事业<br>贾同领　著 | 从传统文化《弟子规》中学习企业中为人处事的办法，从自身做起 | 点滴小事，修养自身，从自身的改善得到事业的提升 |
| | 手把手教你做顶尖企业内训师：TTT培训师宝典<br>熊亚柱　著 | 从课程研发到现场把控、个人提升都有涉及，易读易懂，内容丰富全面 | 想要做企业内训师的员工有福了，本书教你如何抓住关键，从入门到精通 |
| | 28天速成文案高手<br>秦　士　安　丽　著 | 解构优秀品牌和出彩文案背后的逻辑，28天循序渐进成为文案高手 | 让优质文案变成"智慧工厂"般的工序管理与稳定出品 |
| | 让投诉顾客满意离开：客户投诉应对与管理<br>孟广桥　著 | 立足于投诉处理的实践，剖析了不同投诉者投诉的特点和应对措施，并提供各种技巧方法、赢得客户信赖所需培养的品质修炼、处理投诉应掌握的法律法规等工具 | 是投诉处理人员适应岗位职能需要、提升工作技能的良师益友，是企业变诉为金、培养业务骨干的法宝 |

**营销类：把客户需求融入企业各环节，提供"客户认为"有价值的东西**

| | | | |
|---|---|---|---|
| | 书名．作者 | 内容/特色 | 读者价值 |
| 营销模式 | 精品营销战略<br>杜建君　著 | 以精品理念为核心的精益战略和营销策略 | 用精品思维赢得高端市场 |
| | 变局下的营销模式升级<br>程绍珊　叶　宁　著 | 客户驱动模式、技术驱动模式、资源驱动模式 | 很多行业的营销模式被颠覆，调整的思路有了！ |
| | 动销操盘：节奏掌控与社群时代新战法<br>朱志明　著 | 在社群时代把握好产品生产销售的节奏，解析动销的症结，寻找动销的规律与方法 | 都是易读易懂的干货！对动销方法的全面解析和操盘 |
| | 弱势品牌如何做营销<br>李政权　著 | 中小企业虽有品牌但没名气，营销照样能做的有声有色 | 没有丰富的实操经验，写不出这么具体、详实的案例和步骤，很有启发 |
| | 老板如何管营销<br>史贤龙　著 | 高段位营销16招，好学好用 | 老板能看，营销人也能看 |
| | 洞察人性的营销战术：沈坤教你28式<br>沈　坤　著 | 28个匪夷所思的营销怪招令人拍案叫绝，涉及商业竞争的方方面面，大部分战术可以直接应用到企业营销中 | 各种谋略得益于作者的横向思维方式，将其操作过的案例结合其中，提供的战术对读者有参考价值 |
| | 动销：产品是如何畅销起来的<br>吴江萍　余晓雷　著 | 真真切切告诉你，产品究竟怎么才能卖出去 | 击中痛点，提供方法，你值得拥有 |
| | 1000铁杆女粉丝<br>张兵武　著 | 连接是女性与生俱来的特质。能善用连接的营销人员，就像拿到打开女性荷包的钥匙 | 重新认识女性的传播力量 |
| | 360°谈营销：一位营销咨询师20年实战洞察<br>王清华　古怀亮　著 | 各个角度，全方位，多视点剖营销 | 思路单一，此书帮你破 |

续表

| | | | |
|---|---|---|---|
| 营销模式 | **营销按钮:扣动一触即发的力量**<br>老　苗　著 | 提供各种奇形怪状的营销武器 | 一定会带给你不一样的思维震撼 |
| | **孙子兵法营销战**<br>刘文新　著 | 逐句解读孙子兵法,以及在营销方面的感悟 | 帮助营销人用智慧打营销仗 |
| 销售 | **资深大客户经理:策略准,执行狠**<br>叶敦明　著 | 从业务开发、发起攻势、关系培育、职业成长四个方面,详述了大客户营销的精髓 | 满满的全是干货 |
| | **大客户销售这样说这样做**<br>陆和平　著 | 大客户销售十大模块68个典型销售场景应对策略和话术,直接拿来就用 | 从"为什么要这么干"到"干什么、怎么干" |
| | **成为资深的销售经理:B2B、工业品**<br>陆和平　著 | 围绕"销售管理的六个关键控制点"一一展开,提供销售管理的专业、高效方法 | 方法和技术接地气,拿来就用,从销售员成长为经理不再犯难 |
| | **销售是门专业活:B2B、工业品**<br>陆和平　著 | 销售流程就应该跟着客户的采购流程和关注点的变化向前推进,将一个完整的销售过程分成十个阶段,提供具体方法 | 销售不是请客吃饭拉关系,是个专业的活计!方法在手,走遍天下不愁 |
| | **向高层销售:与决策者有效打交道**<br>贺兵一　著 | 一套完整有效的销售策略 | 有工具,有方法,有案例,通俗易懂 |
| | **学话术　卖产品**<br>张小虎　著 | 分析常见的顾客异议,将优秀的话术模块化 | 让普通导购员也能成为销售精英 |
| 组织和团队 | **升级你的营销组织**<br>程绍珊　吴越舟　著 | 用"有机性"的营销组织替代"营销能人",营销团队变成"铁营盘" | 营销队伍最难管,程老师不愧是营销第1操盘手,步骤方法都很成熟 |
| | **用数字解放营销人**<br>黄润霖　著 | 通过量化帮助营销人员提高工作效率 | 作者很用心,很好的常备工具书 |
| | **成为优秀的快消品区域经理(升级版)**<br>伯建新　著 | 用"怎么办"分析区域经理的工作关键点,增加30%全新内容,更贴近环境变化 | 可以作为区域经理的"速成催化器" |
| | **成为资深的销售经理:B2B、工业品**<br>陆和平　著 | 围绕"销售管理的六个关键控制点"一一展开,提供销售管理的专业、高效方法 | 方法和技术接地气,拿来就用,从销售员成长为经理不再犯难 |
| | **一位销售经理的工作心得**<br>蒋　军　著 | 一线营销管理人员想提升业绩却无从下手时,可以看看这本书 | 一线的真实感悟 |
| | **快消品营销:一位销售经理的工作心得2**<br>蒋　军　著 | 快消品、食品饮料营销的经验之谈,重点突出 | 来源于实战的精华总结 |
| | **销售轨迹:一位快消品营销总监的拼搏之路**<br>秦国伟　著 | 本书讲述了一个普通销售员打拼成为跨国企业营销总监的真实奋斗历程 | 激励人心,给广大销售员以力量和鼓舞 |
| | **用营销计划锁定胜局:用数字解放营销人2**<br>黄润霖　著 | 全方位教你怎么做好营销计划,好学好用真简单 | 照搬套用就行,做营销计划再也不头痛 |
| | **快消品营销人的第一本书:从入门到精通**<br>刘　雷　伯建新　著 | 快消行业必读书,从入门到专业 | 深入细致,易学易懂 |
| 产品 | **产品开发管理方法·流程·工具:从作坊式到规范化**<br>任彭枞　著 | 产品研发管理体系全指导 | 既有工具,又能开拓思路 |
| | **新产品开发管理,就用IPD(升级版)**<br>郭富才　著 | 10年IPD研发管理咨询总结,国内首部IPD专业著作 | 一本书掌握IPD管理精髓 |

续表

| | | | |
|---|---|---|---|
| 产品 | **这样打造大单品：案例　策略　方法**<br>迪智成咨询团队　著 | 囊括十三个不同行业、企业的实际案例，从不同角度详细剖析、总结了这些品牌厂家打造大单品的成功经验或者失败教训 | 厘清大单品打造的策划与路径，得出持续经营的思路与方法 |
| | **研发体系改进之道**<br>靖　爽　陈年根　马鸣明　著 | 提出一套系统性的方法与工具 | 指引企业少走弯路，提高成功率 |
| | **资深项目经理这样做新产品开发管理**<br>秦海林　著 | 以IPD为思想，系统讲解新产品开管理的细节 | 提供管理思路和实用工具 |
| | **产品炼金术Ⅰ：如何打造畅销产品**<br>史贤龙　著 | 满足不同阶段、不同体量、不同行业企业对产品的完整需求 | 必须具备的思维和方法，避免在产品问题上走弯路 |
| | **产品炼金术Ⅱ：如何用产品驱动企业成长**<br>史贤龙　著 | 做好产品、关注产品的品质，就是企业成功的第一步 | 必须具备的思维和方法，避免在产品问题上走弯路 |
| 品牌 | **中小企业如何建品牌**<br>梁小平　著 | 中小企业建品牌的入门读本，通俗、易懂 | 对建品牌有了一个整体框架 |
| | **采纳方法：破解本土营销8大难题**<br>朱玉童　编著 | 全面、系统、案例丰富、图文并茂 | 希望在品牌营销方面有所突破的人，应该看看 |
| | **中国品牌营销十三战法**<br>朱玉童　编著 | 采纳20年来的品牌策划方法，同时配有大量的案例 | 众包方式写作，丰富案例给人启发，极具价值 |
| | **今后这样做品牌：移动互联时代的品牌营销策略**<br>蒋　军　著 | 与移动互联紧密结合，告诉你老方法还能不能用，新方法怎么用 | 今后这样做品牌就对了 |
| | **中小企业如何打造区域强势品牌**<br>吴　之　著 | 帮助区域的中小企业打造自身品牌，如何在强壮自身的基础上往外拓展 | 梳理误区，系统思考品牌问题，切实符合中小区域品牌的自身特点进行阐述 |
| 渠道通路 | **深度分销：掌控渠道价值链**<br>施　炜　著 | 制造商通过掌控渠道价值链，将管理触角延伸至零售层面及顾客现场，对市场根部精耕细作，从而挖掘需求，构筑区域市场尤其是三四级市场的竞争壁垒 | 深度分销是中国企业对世界营销的独特贡献。实践证明，互联网时代深度分销仍有生命力 |
| | **快消品营销与渠道管理**<br>谭长春　著 | 将快消品标杆企业渠道管理的经验和方法分享出来 | 可口可乐、华润的一些具体的渠道管理经验，实战 |
| | **传统行业如何用网络拿订单**<br>张　进　著 | 给老板看的第一本网络营销书 | 适合不懂网络技术的经营决策者看 |
| | **采纳方法：化解渠道冲突**<br>朱玉童　编著 | 系统剖析渠道冲突，21个渠道冲突案例、情景式讲解，37篇讲义 | 系统、全面 |
| | **学话术　卖产品**<br>张小虎　著 | 分析常见的顾客异议，将优秀的话术模块化 | 让普通导购员也能成为销售精英 |
| | **向高层销售：与决策者有效打交道**<br>贺兵一　著 | 一套完整有效的销售策略 | 有工具，有方法，有案例，通俗易懂 |
| | **通路精耕操作全解：快消品20年实战精华**<br>周　俊　陈小龙　著 | 通路精耕的详细全解，每一步的具体操作方法和表单全部无保留提供 | 康师傅二十年的经验和精华，实践证明的最有效方法，教你如何主宰通路 |

## 管理者读的文史哲·生活

| 书名．作者 | | 内容/特色 | 读者价值 |
|---|---|---|---|
| 思想·文化 | **德鲁克管理思想解读**<br>罗　珉　著 | 用独特视角和研究方法，对德鲁克的管理理论进行了深度解读与剖析 | 不仅是摘引和粗浅分析，还是作者多年深入研究的成果，非常可贵 |
| | **德鲁克与他的论敌们：马斯洛、戴明、彼得斯**<br>罗　珉　著 | 几位大师之间的论战和思想碰撞令人受益匪浅 | 对大师们的观点和著作进行了大量的理论加工，去伪存真、去粗存精，同时有自己独特的体系深度 |

续表

| | | | |
|---|---|---|---|
| 思想·文化 | **德鲁克管理学**<br>张远凤 著 | 本书以德鲁克管理思想的发展为线索,从一个侧面展示了 20 世纪管理学的发展历程 | 通俗易懂,脉络清晰 |
| | **王阳明"万物一体"论:从"身-体"的立场看(修订版)**<br>陈立胜 著 | 以身体哲学分析王阳明思想中的"仁"与"乐" | 进一步了解传统文化,了解王阳明的思想 |
| | **自我与世界:以问题为中心的现象学运动研究**<br>陈立胜 著 | 以问题为中心,对现象学运动中的"意向性""自我""他人""身体"及"世界"各核心议题之思想史背景与内在发展理路进行深入细致的分析 | 深入了解现象学中的几个主要问题 |
| | **作为身体哲学的中国古代哲学**<br>张再林 著 | 上篇为中国古代身体哲学理论体系奠基性部分,下篇对由"上篇"所开出的中国身体哲学理论体系的进一步的阐发和拓展 | 了解什么是真正原生态意义上的中国哲学,把中国传统哲学与西方传统哲学加以严格区别 |
| | **中西哲学的歧异与会通**<br>张再林 著 | 本书以一种现代解释学的方法,对中国传统哲学内在本质尝试一种全新的和全方位的解读 | 发掘出掩埋在古老传统形式下的现代特质和活的生命,在此基础上揭示中西哲学"你中有我,我中有你"之旨 |
| | **治论:中国古代管理思想**<br>张再林 著 | 本书主要从儒、法墨三家阐述中国古代管理思想 | 看人本主义的管理理论如何不留斧痕地克服似乎无法调解的存在于人类社会行为与社会组织中的种种两难和对立 |
| | **车过麻城 再晤李贽**<br>张再林 著 | 系统全面而又简明扼要地展示了李贽独到的学术眼力和超拔的理论建树 | 帮助读者重新认识李贽的思想 |
| | **中国古代政治制度(修订版)上:皇帝制度与中央政府**<br>刘文瑞 著 | 全面论证了古代皇帝制度的形成和演变的历程 | 有助于读者从政治制度角度了解中国国情的历史渊源 |
| | **中国古代政治制度(修订版)下:地方体制与官僚制度**<br>刘文瑞 著 | 全面论证了古代地方政府的发展演变过程 | 有助于读者从政治制度角度了解中国国情的历史渊源 |
| | **中国思想文化十八讲(修订版)**<br>张茂泽 著 | 中国古代的宗教思想文化,如对祖先崇拜、儒家天命观、中国古代关于"神"的讨论等 | 宗教文化和人生信仰或信念紧密相联,在文化转型时期学习和研究中国宗教文化就有特别的现实意义 |
| | **史幼波《大学》讲记**<br>史幼波 著 | 用儒释道的观点阐释大学的深刻思想 | 一本书读懂传统文化经典 |
| | **史幼波《周子通书》《太极图说》讲记**<br>史幼波 著 | 把形而上的宇宙、天地,与形而下的社会、人生、经济、文化等融合在一起 | 将儒家的一整套学修系统融合起来 |
| | **史幼波《中庸》讲记(上下册)**<br>史幼波 著 | 全面、深入浅出地揭示儒家中庸文化的真谛 | 儒释道三家思想融会贯通 |
| | **梁涛讲《孟子》之万章篇**<br>梁 涛 著 | 《万章》主要记录孟子与万章的对话,涉及孝道、亲情、友情、出仕为官等 | 作者的解读能帮助读者更好地理解孟子及儒学 |
| | **两晋南北朝十二讲(修订版)**<br>李文才 著 | 作为一本普及性读物,作者尊重史实,运用"历史心理学"的叙事方法,分 12 个专题对两晋南北朝的历史进行阐述 | 让读者轻松了解两晋南北朝的历史 |
| | **每个中国人身上的春秋基因**<br>史贤龙 著 | 春秋 368 年(公元前 770 - 公元前 403 年),每一个中国人都可以在这段时期的历史中找到自己的祖先,看到真实发生的事件,同时也看到自己 | 长情商、识人心 |
| | **与《老子》一起思考:德篇**<br>**与《老子》一起思考:道篇**<br>史贤龙 著 | 打通文史,回归哲慧,纵贯古今,放眼中外,妙语迭出,在当今的老子读本中别具一格 | 深读有深读的回味,浅尝有浅尝的机敏,可给读者不同的启发 |